G.B.S. 하나님 마음에 합한 시리즈

하나님 마음에 합한 재정

프리셉트성경연구원 편

묵상하는사람들

프리셉트

*서 문

프리셉트성경연구원은 1982년 이래로 성경연구 전문 서적을 편찬해 왔고, 더불어 목회자들과 교회지도자들을 하나님의 말씀으로 훈련하는 심도 있는 프리셉트성경연구 과정을 개설해 왔습니다.

한편, 프리셉트는 한국 교회를 효과적으로 돕는 다양한 교재를 구역, 셀, 소그룹 그리고 청년부의 조모임을 위해 많이 개발하고 있습니다. 그 종별의 특징은 다음과 같습니다.

Ⅰ. G.B.S. 교재의 종별 특징

1. High G.B.S. 시리즈

   평신도 소그룹 중 성경공부를 장기간 진행해온 분들에게 적합한 교재입니다. 프리셉트성경연구원의 고급 과정(PUP)에서 다루는 내용을 압축하여 정리한 내용으로서, 참여자들이 1시간 정도 예습해 올 수 있을 때에 효과적으로 진행할 수 있는 교재입니다.

2. BEST G.B.S. 시리즈

   소그룹 참여자들의 신앙 수준이 다양한 점을 고려하여, 다양한 도입글과 질문을 제시하였습니다. BEST G.B.S.를 쉽고 편하게 진행하기를 원하면, 「더 깊은 연구와 묵상을 위하여」를 생략하고 다룰 수 있습니다.

3. 쉬운 G.B.S. 시리즈

   이 교재는 질의응답식 내용을 통해 누구나 예습 없이 현장에서 쉽게 진행할 수 있도록 구성되었습니다.

4. 주제별 G.B.S. 시리즈

이 교재는 성경의 내용을 주제별로 다뤄서 해당 주제에 대해 성경적 세계관을 확립하는 데 큰 도움을 줍니다.

5. 하나님 마음에 합한 시리즈

이 교재는 신앙생활에 관한 16가지 주제를 소그룹용으로 편찬한 교재로서, 쉬운 G.B.S.에 비해 다루는 내용이 넓고 깊습니다.

6. 40분 G.B.S. 시리즈

이 교재는 미국 프리셉트 본부에서 기획된 교재로서, 약 40분 동안 활발한 토의식 성경공부를 진행할 수 있도록 구성된 편리하고 유용한 교재입니다.

7. 성품 G.B.S. 시리즈

이 교재는 하나님의 성품을 알고 하나님께서 원하시는 성품의 사람이 되기 위한 성도를 돕기 위해 편찬되었습니다. 예수님의 삶과 성품을 알고, 그분이 우리에게 원하시는 성품의 사람이 되기 위해 노력하다 보면 어느덧 그분의 자녀로 한층 성장해 있는 자신을 발견하게 될 것입니다.

8. 기타

그 외에 수련회용, 주말 성경학교용, 청소년용, 제자훈련용 등 많은 교재가 준비되어 있습니다.

Ⅱ. 인도자를 위한 안내

1. 시작 시간을 정확하게 지키십시오.

2. 성령께서 말씀의 비밀을 깨우쳐주시도록 함께 기도하십시오.
3. 성경공부에 들어가기 전, 지난 주에 깨달은 말씀을 함께 나누면서 마음을 여는 시간을 가지십시오.
4. 인도자는 「도입을 위한 글」(서론)을 읽은 후, 참여자들에게 다양한 질문을 하여 활발한 토론을 유도하십시오. 이때, 교재에 주어진 질문만 하지 말고 다른 보충 질문들을 준비하여 이끌어 가십시오.
5. 각 문제마다 적절한 시간을 안배하여 중점적으로 다룰 문제는 충분히 토의하고 지엽적인 문제는 간단히 진행하십시오.
6. 각 과를 인도한 후, 다음의 평가항목을 통해 스스로 자기 점검을 하십시오.
7. 인도자로서 좀 더 깊이 성경을 배우고자 하는 분들은 프리셉트성경연구과정에 참여하셔서 도움을 받으시기 바랍니다(문의: 02-588-2218).

Ⅲ. 평가항목

1. 보조 질문은 좋았는가?
   명확하고 간략했는가?
   본문에 충실했는가?
   본질적인 문제에 접근했는가?
   깊은 통찰과 적절한 적용을 이끌어 냈는가?
2. 참여자의 발표를 잘 유도하고 격려했는가?
3. 말을 너무 많이 하거나 적게 하지는 않았는가?
4. 준비를 충분히 하였는가?
5. 본문에서 벗어난 방향으로 토의가 진행되지는 않았는가?
6. 시간은 잘 지켰는가?

Ⅳ. 본 교재에 대하여

“어떻게 하면 하나님의 마음에 합한 재정을 관리할 수 있을까?” 하는 생각은 현대를 살아가는 많은 그리스도인들의 고민일 것입니다. 이러한 고민 속에서 한국 교회의 헌신된 목회자들이 지혜를 모아 그 결과로 본서가 나오게 되었습니다. 가치관이 전도된 현실 속에서 한국 교회의 성도들이 하나님의 백성으로서의 정체성을 회복하고 거룩한 공동체를 세워 가는 하나님의 마음에 흡족한 성도들이 되길 소망합니다.

본서는 총 12과로 구성되었으며, 소그룹(구역, 셀, 제자양육, 각 교육기관)에서 활용할 수 있도록 구성하였습니다. 다루고 있는 주제는 교회와 사회에서 필요한 그리스도인들의 생활과 영성을 중심으로 하여 그리스도인들에게 꼭 필요한 주제들로 다루었습니다.

프리셉트성경연구원
원장 김경섭

* 본서는 2004년 9월 8일 초판 발행되었으며, 금번에 새로운 디자인, 깔끔한 본문편집으로 새롭게 개정하여 출간하게 되었습니다. 또한 본문은 개역개정 성경을 인용하였습니다.

차례

G.B.S. 하나님 마음에 합한 시리즈_ 차례

시리즈 1 하나님 마음에 합한 생활

1과 신령과 진정으로 드리는 예배 · **2과** 하나님의 책 성경 · **3과** 주님께서 가르치신 기도 · **4과** 하나님께 드리는 진실한 찬양 · **5과** 말씀 묵상과 적용의 생활화 · **6과** 성도의 교제 · **7과** 성경적인 재물관과 헌금 · **8과** 발을 씻기는 섬김 · **9과** 하나님의 마음을 전하는 전도 · **10과** 세계를 품은 그리스도인 · **11과** 세례와 성만찬 · **12과** 건강한 주일성수

시리즈 2 하나님 마음에 합한 교회

I. 교회란 무엇인가? · **1과** 교회의 본질 · **2과** 교회의 명칭 및 정의 · **3과** 교회의 속성 · **4과** 교회의 표식 · **II. 교회의 사명** · **5과** 모이는 교회 · **6과** 가르치는 교회 · **7과** 역동하는 교회 · **8과** 흩어지는 교회 · **III. 교회의 바람직한 모델_초대교회를 중심으로** · **9과** 부흥하는 교회_예루살렘의 처음 교회 · **10과** 전도하는 교회_안디옥 교회 · **11과** 믿는 자의 본이 되는 교회_데살로니가 교회 · **12과** 칭찬 듣는 교회_서머나 교회와 빌라델비아 교회

시리즈 3 하나님 마음에 합한 사람

1과 믿음있는 사람_아브라함 · **2과** 생각하는 사람_예수님 · **3과** 비전을 품은 사람_여호수아 · **4과** 고난을 함께하는 사람_룻 · **5과** 감동을 주는 사람_다윗 · **6과** 삶의 지경을 넓힌 사람_사도 바울 · **7과** 사랑을 고백한 사람_베드로 · **8과** 정직한 사람_요셉 · **9과** 우선순위를 아는 사람_솔로몬 · **10과** 중심이 변화된 사람_야곱 · **11과** 훈련받은 사람_모세 · **12과** 자신을 아는 사람_요한

시리즈 4 하나님 마음에 합한 사역

Ⅰ. **가정 사역** · **1과** 그리스도인의 가정 · **2과** 그리스도인의 결혼 · **3과** 그리스도인의 건강 · **4과** 그리스도인의 경제 · **5과** 그리스도인의 문화 · **6과** 그리스도인의 여가 · Ⅱ. **사회 생활** · **7과** 그리스도인의 대인관계 · **8과** 그리스도인의 언어 · **9과** 그리스도인의 직장 · **10과** 그리스도인의 구제 · **11과** 그리스도인과 환경 · **12과** 그리스도인의 인격

시리즈 5 하나님 마음에 합한 약속

개요 법을 주신 하나님 · **1과** 제 1계명 다른 신들을 네게 있게 말지니라 · **2과** 제 2계명 우상을 만들거나 섬기지 말라 · **3과** 제 3계명 여호와의 이름을 망령되이 일컫지 말라 · **4과** 제 4계명 안식일을 거룩하게 지키라 · **5과** 제 5계명 부모를 공경하라 · **6과** 제 6계명 살인하지 말라 · **7과** 제 7계명 간음하지 말라 · **8과** 제 8계명 도적질하지 말라 · **9과** 제 9계명 거짓 증거하지 말라 · **10과** 제 10계명 이웃의 것을 탐내지 말라 · **결론** 행함이 있는 믿음 · **인도자 지침**

시리즈 6 하나님 마음에 합한 열매

1과 열매가 있습니까? · **2과** 열매 맺는 힘 · **3과** 사랑 1 · **4과** 사랑 2 · **5과** 희락 · **6과** 화평 · **7과** 오래 참음 · **8과** 자비 · **9과** 양선 · **10과** 충성 · **11과** 온유 · **12과** 절제 · **인도자 지침**

시리즈 8 하나님 마음에 합한 기도

1과 이렇게 기도하라 · **2과** 하늘에 계신(기도의 대상 I) · **3과** 우리 아버지여(기도의 대상 II) · **4과** 이름이 거룩히 여김을 받으시오며 · **5과** 나라이 임하옵시며 · **6과** 뜻이 하늘에서 이룬 것같이 땅에서도 이루어지이다 · **7과** 오늘날 우리에게 일용할 양식을 주옵시고 · **8과** 우리가 우리에게 죄 지은 자를 사하여 준 것같이 · **9과** 우리 죄를 사하여 주옵시고 · **10과** 우리를 시험에 들게 하지 마옵시고 다만 악에서 구하옵소서 · **11과** 나라와 권세와 영광이 아버지께 영원히 있사옵나이다 · **12과** 대개와 아멘

시리즈 9 하나님 마음에 합한 여인

I. 구약의 여인들 · **1과** 리브가_믿음의 대를 이어간 여인 · **2과** 라합_하나님이 예비한 여인 · **3과** 드보라_하나님의 여장부 · **4과** 한나_하나님과의 약속을 지킨 여인 · **5과** 아비가일_지혜로 범죄를 막은 여인 · **6과** 에스더_민족을 사랑한 왕후 · II. 신약의 여인들 · **7과** 마리아_순종과 순명의 여인 · **8과** 사마리아 여인_이방에 처음으로 복음을 전한 여인 · **9과** 막달라 마리아_예수님께 헌신한 여인 · **10과** 세베대 아들들의 어머니_삶의 초점이 바뀐 여인 · **11과** 브리스길라_바울의 동역자가 되었던 여인 · **12과** 로이스와 유니게_신앙을 물려준 어머니

시리즈 11 하나님 마음에 합한 소원

1과 아브라함의 소원 · **2과** 이삭의 소원 · **3과** 삼손의 소원 · **4과** 한나의 소원 · **5과** 다윗의 소원 · **6과** 솔로몬의 소원 · **7과** 엘리야의 소원 · **8과** 야베스의 소원 · **9과** 히스기야의 소원 · **10과** 다니엘의 소원 · **11과** 요나의 소원 · **12과** 바울의 소원

시리즈 13 하나님 마음에 합한 성령사역

1과 성령은 누구신가? · **2과** 성령을 받아야 하는가? · **3과** 성령의 구원 사역 · **4과** 보혜사 성령 · **5과** 세상을 향한 성령의 역사 · **6과** 성령의 은사 · **7과** 은사의 활용과 계발 · **8과** 성령의 열매 · **9과** 성령이 내주하는 삶 · **10과** 성령의 대적 · **11과** 성령의 사람들 · **12과** 성령과 교회

시리즈 14 하나님 마음에 합한 중보기도

1과 중보기도란? · **2과** 중보기도자 · **3과** 중보기도 훈련 · **4과** 중보기도 그룹 · **5과** 교회를 위한 중보기도 · **6과** 목회자를 위한 중보기도 · **7과** 선교사와 선교지를 위한 중보기도 · **8과** 이웃을 위한 중보기도 · **9과** 나라와 민족을 위한 중보기도 · **10과** 가정을 위한 중보기도 · **11과** 중보기도의 사람들 · **12과** 중보기도의 삶

시리즈 15 하나님 마음에 합한 전도

1과 전도란? · **2과** 사명으로서의 전도 · **3과** 전도자의 훈련 · **4과** 무엇을 전할까? · **5과** 개인 전도 · **6과** 문턱을 낮추는 전도 · **7과** 그룹 전도 · **8과** 다양한 전도 방법 · **9과** 전도, 그 이후 · **10과** 전도와 중보기도 · **11과** 전도의 장애물 · **12과** 전도와 성령

시리즈 16 하나님 마음에 합한 예배

1과 예배란? · **2과** 예배의 대상 · **3과** 하나님이 찾으시는 예배자 · **4과** 찬양과 경배 · **5과** 기도와 간구 · **6과** 말씀의 선포 · **7과** 헌신의 결단 · **8과** 정성의 예물 · **9과** 성례전 · **10과** 다양한 예배 · **11과** 가정 예배 · **12과** 예배 공동체

1과 돈이란?

· 찬송: 435(구 492)장 · 본문: 마 19:16-22 · 요절: 마 19:21

마태복음 19:16-22

16어떤 사람이 주께 와서 이르되 선생님이여 내가 무슨 선한 일을 하여야 영
생을 얻으리이까 17예수께서 이르시되 어찌하여 선한 일을 내게 묻느냐 선
한 이는 오직 한 분이시니라 네가 생명에 들어 가려면 계명들을 지키라 18이
르되 어느 계명이오니이까 예수께서 이르시되 살인하지 말라, 간음하지 말
라, 도둑질하지 말라, 거짓 증언 하지 말라, 19네 부모를 공경하라, 네 이웃
을 네 자신과 같이 사랑하라 하신 것이니라 20그 청년이 이르되 이 모든 것
을 내가 지키었사온대 아직도 무엇이 부족하니이까 21예수께서 이르시되 네
가 온전하고자 할진대 가서 네 소유를 팔아 가난한 자들에게 주라 그리하면
하늘에서 보화가 네게 있으리라 그리고 와서 나를 따르라 하시니 22그 청년
이 재물이 많으므로 이 말씀을 듣고 근심하며 가니라

도입을 위한 글

우리는 지금 모든 것이 돈으로 환산되고, 돈이 모든 가치의 중심에 서 있는 자본주의 시대를 살아가고 있습니다. 그렇기에 우리는 단 한시라도 돈과 떨어져서 살 수 없을 뿐만 아니라 아무리 작은 일이라도 돈이 있어야 가능하다고 생각합니다. 흔히 돈을 가리켜 돌고 돌아서 '돈'이라고도 하고, 돌아서(狂) '돈'이라고도 합니다. 이처럼 돈은 이미 우리 삶의 모든 부분과 결부되어 있을 뿐만 아니라 돈의 위력은 그 어느 때보다 막강합니다. 그러나 돈의 위력이 크면 클수록 우리는 그 돈을 잘 다룰 수 있어야 합니다. 이번 과를 통해 우리의 삶에 끼치는 돈의 의미를 살펴보고 그 유익과 해악을 헤아려보십시오.

도입 질문

1. 돈이 있어서 좋은 점을 몇 가지 말해보십시오.

2. 돈이 끼칠 수 있는 나쁜 점을 몇 가지 말해보십시오.

본문 질문

1. 본문을 읽고, 다음의 질문에 답해보십시오.

1) 부자 청년은 예수님께 무엇을 구했습니까?

2) 예수님의 대답은 무엇입니까?

3) 이에 대한 부자 청년의 반응은 어떠했습니까?

4) 부자 청년이 그렇게 반응한 이유는 무엇 때문입니까?

2. 다음 각각의 관계에서 재물(돈)은 어떤 의미가 있는지 살펴보십시오.

1) 부자 청년 개인에게 있어서 돈의 의미는 무엇이었습니까?

2) 부자 청년의 인간관계에 있어서 돈의 의미는 무엇이었습니까?

3) 부자 청년과 하나님과의 관계에 있어서 돈의 의미는 무엇이었습니까?

배우기

1. 본문의 부자 청년은 율법적으로 매우 신실한 신앙인이었습니다. 또한 그에게는 영적인 갈급함도 있었습니다. 그래서 이 청년은 예수님께 나아와 영생의 방법을 물었습니다. 그러나 이에 대한 예수님의 대답은 다소 의외였습니다. 즉, 가진 재산을 팔아 가난한 이들에게 주라는 것이었습니다.

이 부자 청년은 십계명의 조항들에 대해 거리낌이 없을 정도로 다른 모든 율법을 잘 지켰습니다. 그러나 예수님께서 그의 가진 소유를 팔아 가난한 자들에게 주라고 말씀하셨을 때, 그 청년은 예수님의 말씀을 따르지 못하고 돌아섰습니다. 성경은 그 이유를 그가 재물이 많았기 때문이라고 말하고 있습니다.

2. 예수님과 부자 청년과의 만남과 대화에 있어서 재물은 매우 중요한 주제였습니다. 우리는 이 만남에서 재물이 갖는 여러 가지 의미를 발견할 수 있습니다.

1) 개인적인 차원에서의 돈

부자 청년은 아마 많은 재물로 인해 안락한 삶을 누릴 수 있었을 것입니다. 게다가 예수님 앞에서도 자신 있게 율법적인 조항을 잘 지켰다고 말할 수 있을 정도로 종교적 · 도덕적인 삶을 살았습니다. 그러나 그럼에도 불구하고 이 청년에게는 영적인 만족함이 없었습니다. 부자 청년에게 재물은 많았지만, 그로 인한 만족감은 없었습니다. 즉, 재물은 이 청년의 가장 근본적인 문제를 해결해주지 못했습니다.

2) 인간관계에서의 돈

예수님께서 가진 재물을 팔아 가난한 자들에게 주라고 말씀하셨을 때, 이 청년은 선뜻 예수님의 말씀을 따를 수 없었습니다. 이 청년에게 있던 많은 재물은 주변의 이웃들을 위한 일, 가난한 자들을 돌보는 일 등 마땅히 행해야 할 구제에 쓰여지지 않았습니다. 즉, 이 청년에게 있어서 재물은 오히려 인간관계의 걸림돌이 되었습니다.

3) **하나님과의 관계에서의 돈**

부자 청년은 예수님께 영생의 방법을 물었고, 이에 대한 예수님의 대답도 들었습니다. 그러나 그는 대답을 듣고도 그대로 행할 수 없었습니다. 재물이 걸림돌이 되었기 때문입니다.

재물은 어떻게 사용되느냐에 따라서 삶의 유익이 되기도 하고, 해악이 되기도 합니다. 또한 재물은 모든 관계를 깊고 성숙하게 만들 수도 있지만, 반대로 관계를 깨뜨리는 걸림돌이 되기도 합니다. 우리는 이 부자 청년의 이야기를 통해서 재물(돈)의 양면성을 볼 수 있습니다. 즉, 재물은 많고 적음이 문제가 아니라 어떻게 사용되느냐가 더욱 중요한 문제라는 사실을 배울 수 있습니다.

적용 질문

1. 여러분의 삶에 돈이 걸림돌이 된다면, 어떤 점에 있어서 그렇습니까?

2. 여러분이 당면한 문제 중에서 돈으로 해결할 수 있는 것과 그렇지 못한 것을 구분해보십시오.

생각하는 이야기

진실은 돈으로 살 수 없다

페르시아의 황제 코스로스는 죽을지도 모른다는 사람들의 예측을 뒤엎고 중병에서 회복되었다. 황제는 새 생명을 얻은 후, 새로운 마음으로 고문관들을 모두 불러놓고 말했다.

"여러분들이 내게 바라는 것이 무엇인지 말해보오. 여러분은 내가 좋은 황제라고 생각하시오? 거짓 없이 말하시오. 그러면 그 보답으로 내가 값진 것을 선물하겠소."

고문관들은 한 사람씩 황제 앞에 나아가 온갖 아첨을 다 떨었다. 그리고 현자 엘림의 차례가 되었다.

"폐하, 저는 말하고 싶지 않습니다. 왜냐하면 진실은 돈으로 살 수 없는 것이기 때문입니다."

"좋소, 그대에게는 아무것도 주지 않을 테니 솔직하게 말해보시오."

"폐하께서는 우리와 마찬가지로 약점이 있고 실수를 저지르는 한 인간이십니다. 폐하께서 축제나 궁전 건축, 특히 전쟁에 많은 예산을 낭비하고 있기 때문에 백성들은 지금 과도한 세금에 허덕이고 있습니다."

황제는 그 말을 듣고 잠시 생각에 잠기더니 약속한 대로 고문관들에게 각각 보석을 나눠주었다. 그리고 엘림을 수상직에 임명했다.

다음 날, 고문관들이 황제를 알현하러 왔다. 그들 중 대표가 말했다.

"폐하께서 주신 그 보석을 판 상인을 교수대에 매달아야 합니다. 그 보석들은 모두 가짜였습니다."

이에 황제가 당연하다는 듯이 대답했다.

"너희들의 말이 가짜였지 않았는가!"

◇ 메 시 지 ◇

돈은 현대인의 삶에서 떼어놓을 수 없는 필수 불가결한 것입니다. 그러나 돈은 유익이 될 수도, 해악이 될 수도 있습니다. 돈은 필요한 것이긴 하지만, 모든 것이 될 수는 없습니다. 돈으로 해결할 수 없는 문제들이 오히려 더 많기 때문입니다. 돈은 안락을 줄 수 있지만, 또한 근심과 걱정의 가장 큰 이유가 되기도 합니다. 돈은 돈을 대하는 사람의 태도에 따라 전혀 다른 얼굴을 보여주기 때문입니다. 그러므로 여러분은 돈에 대한 정확한 인식, 돈을 대하는 태도, 돈을 벌고 쓰는 목적에 대한 분명한 이유를 갖고 있어야 합니다.

여러분이 돈에 대하여 정확한 인식을 갖고 있지 못하다면, 돈은 여러분을 지배하여 노예로 삼을 것입니다. 여러분이 돈을 대하는 태도 여하에 따라서 돈은 여러분에게 유익이 되기도 하고 해악이 되기도 할 것입니다. 여러분이 돈을 벌고 쓰는 목적이 분명하지 못하다면, 돈은 여러분의 삶과 영혼까지도 파괴할 것입니다.

돈(재물)은 하나님께서 여러분에게 주신 귀한 선물입니다. 이 귀한 선물을 바르게 인식하고 잘 사용하여, 하나님께서 주신 복을 기쁨으로 누리기를 바랍니다.

2과 신앙과 재물

· 찬송: 450(구 376)장 · 본문: 마 25:14-30 · 요절: 마 25:21

마태복음 25:14-30

14또 어떤 사람이 타국에 갈 때 그 종들을 불러 자기 소유를 맡김과 같으니
15각각 그 재능대로 한 사람에게는 금 다섯 달란트를, 한 사람에게는 두 달
란트를, 한 사람에게는 한 달란트를 주고 떠났더니 16다섯 달란트 받은 자는
바로 가서 그것으로 장사하여 또 다섯 달란트를 남기고 17두 달란트 받은 자
도 그같이 하여 또 두 달란트를 남겼으되 18한 달란트 받은 자는 가서 땅을
파고 그 주인의 돈을 감추어 두었더니 19오랜 후에 그 종들의 주인이 돌아와
그들과 결산할새 20다섯 달란트 받았던 자는 다섯 달란트를 더 가지고 와서
이르되 주인이여 내게 다섯 달란트를 주셨는데 보소서 내가 또 다섯 달란트
를 남겼나이다 21그 주인이 이르되 잘하였도다 착하고 충성된 종아 네가 적
은 일에 충성하였으매 내가 많은 것을 네게 맡기리니 네 주인의 즐거움에
참여할지어다 하고 22두 달란트 받았던 자도 와서 이르되 주인이여 내게 두
달란트를 주셨는데 보소서 내가 또 두 달란트를 남겼나이다 23그 주인이 이
르되 잘하였도다 착하고 충성된 종아 네가 적은 일에 충성하였으매 내가 많
은 것을 네게 맡기리니 네 주인의 즐거움에 참여할지어다 하고 24한 달란트
받았던 자는 와서 이르되 주인이여 당신은 굳은 사람이라 심지 않은 데서
거두고 헤치지 않은 데서 모으는 줄을 내가 알았으므로 25두려워하여 나가
서 당신의 달란트를 땅에 감추어 두었었나이다 보소서 당신의 것을 가지셨
나이다 26그 주인이 대답하여 이르되 악하고 게으른 종아 나는 심지 않은 데
서 거두고 헤치지 않은 데서 모으는 줄로 네가 알았느냐 27그러면 네가 마땅
히 내 돈을 취리하는 자들에게나 맡겼다가 내가 돌아와서 내 원금과 이자를
받게 하였을 것이니라 하고 28그에게서 그 한 달란트를 빼앗아 열 달란트 가
진 자에게 주라 29무릇 있는 자는 받아 풍족하게 되고 없는 자는 그 있는 것

까지 빼앗기리라 30이 무익한 종을 바깥 어두운 데로 내쫓으라 거기서 슬피 울며 이를 갈리라 하니라

도입을 위한 글

의사의 손에 쥐어진 칼과 강도의 손에 쥐어진 칼의 용도가 사뭇 다르듯이, 재물도 어떤 사람의 손에 쥐어졌느냐에 따라 용도가 달라집니다. 돈에도 칼처럼 양면성이 있기 때문입니다. 대부분의 사람들은 재물은 많을수록 좋다고 생각합니다. 그러나 복권 당첨자들의 생활을 조사한 바에 따르면, 이전보다 더 불행해진 예가 많습니다. 돈이 너무 많아서 오히려 불행해진 사람들이 있는가 하면, 돈이 없어서 자살을 하는 사람들도 있습니다. 재물은 많고 적음의 문제이기 이전에, 재물을 가진 사람의 인식과 태도에 더 큰 영향을 받습니다. 이번 과에서는 재물이 어떻게 신앙생활과 관련을 맺고 있는지 살펴보려고 합니다.

도입 질문

1. 돈이 여러분의 신앙에 걸림돌이 된 적이 있습니까?

2. 반대로 돈이 없어서 신앙생활에 불편을 느낀 적이 있습니까?

본문 질문

1. 다섯 달란트를 받은 종과 두 달란트를 받은 종은 주인으로부터 칭찬을 받았습니다.

   1) 이 두 종이 칭찬받은 이유는 무엇입니까?

   2) 이 두 종에게 주어진 상은 무엇입니까?

2. 한 달란트를 받은 종은 주인으로부터 심한 책망을 받았습니다.

   1) 그가 책망을 받은 이유는 무엇입니까?

   2) 한 달란트를 받은 종에게 내려진 벌은 무엇입니까?

3. 세 종들에게 맡겨진 달란트는 본래 누구의 것입니까? 또한 주인이 세 종들에게 달란트를 맡긴 이유와 목적은 무엇입니까?

배우기

1. 다섯 달란트와 두 달란트를 받은 종은 각기 받은 분량만큼의 이익을 남겼습니다. 때문에 주인은 나중에 돌아와 회계하면서 이 두 종들을 크게 칭찬했습니다. 주인은 이 둘을 가리켜 착하고 충성된 종으로 인정했고, 이들에게 다시금 많은 것들을 맡겼을 뿐만 아니라 주인의 즐거움에 참여하는 상급도 주었습니다.

주인이 두 종을 칭찬한 이유는, 그들이 작은 일 하나에도 최선을 다했기 때문입니다. 이 두 종은 주인이 자신에게 달란트를 맡긴 이유를 잘 알고 있었습니다. 그래서 두 종들은 최선을 다했고 종들의 충성에 대해 주인은 신뢰로써 보답했습니다. 이제 이 두 종은 주인의 신뢰를 바탕으로 더 많은 것을 맡게 되었고, 주인의 즐거움에도 참여하게 되었습니다.

1 사람이 마땅히 우리를 그리스도의 일꾼이요 하나님의 비밀을 맡은 자로 여길지어다 2 그리고 맡은 자들에게 구할 것은 충성이니라_고전 4:1-2

2. 다섯 달란트와 두 달란트를 맡은 종이 주인의 칭찬을 받은 반면, 한 달란트를 맡은 종은 주인으로부터 심한 책망을 듣습니다. 한 달란트

를 맡았던 종은 처음에 자신에게 주어졌던 한 달란트를 묻어두었다가 그대로 주인에게 가져왔기 때문입니다.

이 종은 자신에게 주어진 달란트를 활용하지 못했습니다. 주인이 자신에게 달란트를 맡긴 이유도 알지 못했고, 그 달란트의 가치와 활용하는 방법도 몰랐습니다. 이 종의 관심은 그저 주인으로부터 꾸중을 듣지 않는 데 있었습니다. 결국 이 종은 주인으로부터 악하고 게으른 종, 무익한 종이라는 책망을 듣게 되었습니다. 게다가 이제 바깥 어두운 데로 내쫓기는 신세가 되었습니다.

3. 모든 달란트는 본래 주인의 것입니다. 주인이 원한 것은 이 달란트를 종들에게 맡겨 이익을 남기는 것이었습니다. 두 종은 주인이 원하는 대로 행했고, 다른 한 종은 그렇지 못했습니다.

이 세상 모든 만물의 주인은 하나님이십니다. 우리는 다만 하나님의 청지기일 뿐입니다. 우리에게 주어진 재물을 우리의 것으로 오해한다면, 그것은 청지기의 바른 태도가 아닙니다.

은도 내 것이요 금도 내 것이니라 만군의 여호와의 말이니라_학 2:8

땅과 거기에 충만한 것과 세계와 그 가운데에 사는 자들은 다 여호와의 것이로다_시 24:1

그러므로 하나님의 재물을 위탁받은 청지기에게 요구되는 것은 충성입니다. 맡은 일에 최선을 다함으로써 주인의 신뢰를 얻는다면 이 신뢰는 더 많은 것, 더 큰 것을 관리할 수 있는 근거가 됩니다.

9종들은 자기 상전들에게 범사에 순종하여 기쁘게 하고 거슬러 말하지 말며
10훔치지 말고 오히려 모든 참된 신실성을 나타내게 하라 이는 범사에 우리
구주 하나님의 교훈을 빛나게 하려 함이라_딛 2:9-10

적용 질문

1. 여러분이 가진 모든 것들이 주님의 소유라는 사실을 믿음으로 고백할 수 있습니까?

2. 하나님께서 여러분에게 맡기신 재물을 어떻게 사용하겠습니까?

생각하는 이야기

5달러의 기적

미국 캘리포니아의 알토스연합감리교회의 건물이 너무 낡아 위험한 지경에 이르렀다. 교회 건물을 수리하는데 최소 1만 달러 이상의 경비가 필요했다. 그러나 교회의 잔고는 고작 5천 달러에 불과했다. 더구나 50여 명의 교인들은 모두 가난한 서민들이었다.

존 닫슨 목사는 주일날 성경에 나오는 달란트의 비유에 대해 설교한 후, 전교인에게 5달러씩을 나눠주며 당부했다.
"5달러를 갖고 돈의 가치를 늘리십시오. 2개월 후에 다시 이 돈을 회수할 것입니다."
교인들은 5달러로 각양각색의 사업을 시작했다. 어린이들은 5달러로 쿠키를 만들어 친구들에게 팔았다. 할머니는 털실로 수예품을 만들었다.

2개월 후, 교인들이 건축 헌금을 했다. 이날 헌금은 교회 수리비로 사용하고도 5천 달러가 남는 풍족한 액수였다. 5달러를 그냥 그대로 가져온 사람은 4명뿐이었다.

◇ 메 시 지 ◇

여러분이 소유한 모든 것은 하나님께서 주신 선물입니다. 이 세상 모든 만물의 주인이신 하나님께서는 여러분에게 좋은 것들, 필요한 것들, 관리해야 할 것들, 선용할 것들을 맡기셨습니다. 그러므로 이제 여러분은 하나님께서 주신 것들을 선하게 관리하고, 최선을 다해 이익을 남기며, 하나님의 뜻대로 사용해야 합니다. 이것이 청지기 즉, 맡은 자의 본분입니다.

여러분이 가지고 있는 것을 여러분의 것이라고 오해할 때 하나님과의 관계는 어긋날 수밖에 없습니다. 여러분에게 주어진 것을 썩혀두고 있을 때 여러분은 무익한 종이 됩니다. 여러분이 번 재물이 주인의 뜻에 어긋나게 쓰여질 때 여러분은 주인의 신뢰를 받을 수 없습니다. 이런 모든 잘못된 관계에서 벗어나려면, 먼저 스스로 선한 청지기가 되겠다는 믿음의 고백과 다짐이 있어야 합니다.

여러분이 선한 청지기라면, 재물은 신앙의 걸림돌이 아니라 여러분에게 주어진 축복의 기회가 될 것입니다. 여러분이 충성된 청지기라면, 재물의 많고 적음은 문제가 되지 않습니다. 재물이 신앙의 걸림돌이 되고 재물이 없어서 불편하다면, 그것을 재물의 문제로만 생각하지 말고 재물에 대한 자신의 태도를 먼저 점검해야 할 것입니다.

여러분이 재물에 대해 바른 태도를 갖는다면, 재물은 여러분에게 유익과 기쁨이 되며 보람이 되고 축복이 될 것입니다. 선한 청지기가 되십시오. 충성된 청지기가 되십시오. 그것이 하나님께서 여러분에게 재물을 맡기신 이유입니다.

3과 깨끗한 수입

· 찬송: 496(구 260)장 · 본문: 딤전 6:3–10 · 요절: 딤전 6:10

디모데전서 6:3–10

3누구든지 다른 교훈을 하며 바른 말 곧 우리 주 예수 그리스도의 말씀과 경
건에 관한 교훈을 따르지 아니하면 4그는 교만하여 아무 것도 알지 못하고
변론과 언쟁을 좋아하는 자니 이로써 투기와 분쟁과 비방과 악한 생각이 나
며 5마음이 부패하여지고 진리를 잃어 버려 경건을 이익의 방도로 생각하
는 자들의 다툼이 일어나느니라 6그러나 자족하는 마음이 있으면 경건은 큰
이익이 되느니라 7우리가 세상에 아무 것도 가지고 온 것이 없으매 또한 아
무 것도 가지고 가지 못하리니 8우리가 먹을 것과 입을 것이 있은즉 족한 줄
로 알 것이니라 9부하려 하는 자들은 시험과 올무와 여러 가지 어리석고 해
로운 욕심에 떨어지나니 곧 사람으로 파멸과 멸망에 빠지게 하는 것이라 10
돈을 사랑함이 일만 악의 뿌리가 되나니 이것을 탐내는 자들은 미혹을 받아
믿음에서 떠나 많은 근심으로써 자기를 찔렀도다

도입을 위한 글

요즘 우리나라에서는 투명한 기업, 투명한 경영이라는 말이 강조되고 있습니다. 그러나 이는 그만큼 부정과 부패가 많았다는 반증이기도 합니다. 사업을 하는 사람들은 너나 할 것 없이 어느 정도의 부패 없이 돈을 버는 일이 쉽지 않다고 말합니다. 심지어 어느 정도의 부패는 오히려 유능함으로 인정받고, 정직을 고집하면 무능한 사람으로 낙인찍히기까지 하는 것이 현실입니다. 뇌물, 급행료, 탈세 등 사회 곳곳에 만연해있는 부정부패가 당연한 현실로 받아들여지고 있습니다. 정말 그렇습니까? 정직은 정말 성공의 장애물에 불과합니까? 이번 과를 통해 정직한 돈벌이, 정직한 성공에 대해 숙고해보기를 바랍니다.

도입 질문

1. 정직하면 돈을 못 번다는 말이, 왜 우리 사회의 통념이 되다시피 했습니까?

2. 우리 사회의 고질적인 부패를 경험한 일이 있습니까?

본문 질문

1. '시험과 올무와 여러 가지 어리석고 해로운 욕심에 떨어지는 사람들'(9절)은 어떤 사람들입니까? 그러한 위험에서 벗어나는 길은 무엇입니까?(8절)

2. "돈을 사랑함이 일만 악의 뿌리"(10절)가 되는 이유는 무엇입니까? 그렇다면, 돈을 대하는 우리의 태도는 어떠해야 합니까?

3. 다음의 말씀들을 통해 깨끗하게 돈을 버는 길이 무엇인지 말해보십시오.

20다섯 달란트 받았던 자는 다섯 달란트를 더 가지고 와서 이르되 주인이여 내게 다섯 달란트를 주셨는데 보소서 내가 또 다섯 달란트를 남겼나이다 21
그 주인이 이르되 잘하였도다 착하고 충성된 종아 네가 적은 일에 충성하였으매 내가 많은 것을 네게 맡기리니 네 주인의 즐거움에 참여할지어다 하고_마 25:20-21

정직한 자의 성실은 자기를 인도하거니와 사악한 자의 패역은 자기를 망하게 하느니라_잠 11:3

배우기

1. 스스로의 처지에 만족하지 못하는 사람들은 더 가지려는 욕심에 사로잡히게 됩니다. 부에 대한 집착으로 욕망을 다스리지 못하는 사람들은 시험과 올무와 여러 가지 어리석고 해로운 욕심에 떨어지고 맙니다. 그러므로 이러한 위험으로부터 벗어나는 길은, 지금의 처지를 만족하는 마음을 갖는 것입니다.

2. 돈은 목적이 아닌 수단입니다. 어떤 일을 하기 위해 돈이 필요한 것이지 돈, 그 자체가 목적이 되어서는 안 된다는 뜻입니다. 그러므로 돈을 사랑하는 것은 악한 일이요, 더 나아가 사람으로 하여금 욕심을 갖게 하기 때문에 일만 악의 뿌리가 됩니다.

14오직 각 사람이 시험을 받는 것은 자기 욕심에 끌려 미혹됨이니 15욕심이 잉
태한즉 죄를 낳고 죄가 장성한즉 사망을 낳느니라_약 1:14-15

많은 재물의 소유가 항상 만족과 기쁨으로 이어지는 것은 아닙니다. 예수님께 나아와 영생의 방법을 물었던 부자 청년의 예에서 볼 수 있듯이, 필요 이상의 재물은 오히려 사람들에게 근심거리가 됩니다.

21예수께서 이르시되 네가 온전하고자 할진대 가서 네 소유를 팔아 가난한 자
들에게 주라 그리하면 하늘에서 보화가 네게 있으리라 그리고 와서 나를 따르
라 하시니 22그 청년이 재물이 많으므로 이 말씀을 듣고 근심하며 가니라_마
19:21-22

그러므로 돈을 벌고 쓰는 목적이 분명할 때, 우리는 돈에 대한 바른 태

도를 가질 수 있습니다. 사도 바울의 다음과 같은 권면은 성도의 재물관에도 적용되어야 할 귀중한 말씀입니다.

그런즉 너희가 먹든지 마시든지 무엇을 하든지 다 하나님의 영광을 위하여 하라_고전 10:31

3. 먼저 부정한 방법으로 돈 버는 것을 너그러이 용인하는 태도와 정직은 성공의 장애물이라는 인식을 버려야 합니다. 정직한 방법과 성실한 태도야말로 깨끗하게 돈을 버는 길입니다. 시편 기자는 정직과 성실이야말로 하나님 앞에서 인정받을 수 있는 유일한 길이라고 고백하고 있습니다.

8여호와께서 만민에게 심판을 행하시오니 여호와여 나의 의와 나의 성실함을
따라 나를 심판하소서 9악인의 악을 끊고 의인을 세우소서 의로우신 하나님
이 사람의 마음과 양심을 감찰하시나이다 10나의 방패는 마음이 정직한 자를
구원하시는 하나님께 있도다 11하나님은 의로우신 재판장이심이여 매일 분노
하시는 하나님이시로다 12사람이 회개하지 아니하면 그가 그의 칼을 가심이여
그의 활을 이미 당기어 예비하셨도다 13죽일 도구를 또한 예비하심이여 그가
만든 화살은 불화살들이로다 14악인이 죄악을 낳음이여 재앙을 배어 거짓을
낳았도다 15그가 웅덩이를 파 만듦이여 제가 만든 함정에 빠졌도다 16그의 재
앙은 자기 머리로 돌아가고 그의 포악은 자기 정수리에 내리리로다 17내가 여
호와께 그의 의를 따라 감사함이여 지존하신 여호와의 이름을 찬양하리로다_
시 7:8-17

가난하여도 성실하게 행하는 자는 부유하면서 굽게 행하는 자보다 나으니라_잠 28:6

적용 질문

1. 정직해서 손해를 보았거나 혹은 정직해서 유익을 얻은 경험이 있다면, 함께 나눠보십시오.

2. 주변에 만연해 있는 부정과 부패의 모습들과 그것들을 극복할 수 있는 방법을 말해보십시오.

생각하는 이야기

‘정직’은 최상의 방책

1997년 11월, 외환 위기가 닥치자 은행은 자신들이 살기 위해 돈을 마구 회수하기 시작했습니다. 저희 회사의 경우도 매출이 떨어지자 매장 주인들이 줄줄이 그만두겠다고 했는데, 그러면 보증금을 돌려줘야 했습니다. 또한 어떤 회사를 없애기 위해 직원들의 퇴직금을 돌려줘야 하는 경우도 생겼습니다. 매출은 적어지고 돈 나갈 곳은 훨씬 많아진 것입니다. 이처럼 점점 광야가 심해지더니, 이듬해 4월부터는 아예 사막이 시작되었습니다. 저희는 금식 기도를 하기 시작했습니다. 하지만 응답이 없었습니다. 급기야 은행에서 부도가 나기 전에 회장을 피신시키라는 전언까지 받게 되었습니다.

그런데 부도가 나기 직전에 기적적으로 외국인 투자자가 들어왔습니다. 그것도 은행이 놀랄 만한 금액을 들고 말입니다. 은행조차 외자 유치를 하지 못하고 있을 때, 외국인 투자가 들어오자 은행도 바로 문을 열어 주었습니다. 이 회사는 현금 5억 불을 들고 들어와서 저희에게 10분의 1을 투자했습니다. 5억 불이면 저희 같은 규모의 회사 10개를 살릴 수 있는 큰 돈입니다. 그런데 1년간 나머지 돈을 투자하지 못한 채 4억 5천만 불을 고스란히 가지고 있는 것이었습니다. 제가 이상하게 여기고 물어 봤더니, 그 외국 투자가도 사고 싶답니다. 그러나 막상 사려고 하면 그 회사의 장부가 두 개랍니다. 사실 우리 회사는 장부가 하나라서 투자했다는 겁니다.

제가 얻은 결론은 하나입니다. 정직하면 손해 볼 때가 많습니다. 그러나 결정적일 때는 정직하기 때문에 살아난다는 것입니다.

◇ 메 시 지 ◇

'성경을 읽기 위해 촛불을 훔칠 수는 없다.' 목적을 이루기 위해서라면 어떤 수단과 방법도 가리지 않는 세대가 귀담아 들어야 할 말입니다. 아무리 목적이 선하다고 해도 그것을 이루는 방법이나 수단이 부정직하다면, 용납될 수 없는 것입니다. 하물며 목적마저 선한 것이 아니라면, 부정직한 방법은 결코 용납되어서는 안 됩니다.

'욕하면서 닮는다'라는 옛 말도 있지만, 부정과 부패가 만연한 사회를 살면서 어찌 나만 고고할 수 있느냐는 것은 변명으로 그쳐야 합니다. "악에게 지지 말고 선으로 악을 이기라"(롬 12:21). 그렇습니다. 어느 세대에게나 정직과 성실은 최상의 방편입니다.

여러분이 깨끗하게 돈을 벌고 있다면 그 돈은 그대로 하나님의 축복이지만, 여러분이 부정직한 방법으로 벌고 있다면 그 돈은 악마의 유혹입니다. 여러분은 돈을 가지고 얼마든지 안락하게 살며, 좋은 일들을 할 수도 있습니다. 그러나 그 돈은 정직하게 번 돈이어야 합니다. 욕심에 눈이 멀면 판단이 흐려지고, 판단이 흐려지면 악의 유혹에도 쉽게 넘어갑니다. 돈에 대한 욕심이 생긴다면 그 욕심은 여러분으로 하여금 부정과 술수를 저지르게 하고, 언젠가는 여러분을 망칠 것입니다. 그러므로 항상 욕심을 경계하며 욕심의 유혹이 있을 때에는 이렇게 기도하십시오. "내가 주를 바라오니 성실과 정직으로 나를 보호하소서"(시 25:21).

돈을 벌되 정직하게 벌고, 돈을 모으되 성실하게 모으십시오. 그리고 그 돈을 선한 일에 사용하여 여러분의 정직한 모습으로 하나님을 기쁘시게 하십시오.

4과 검소한 생활

· 찬송: 382(구 432)장 · 본문: 눅 12:16-21 · 요절: 눅 12:20

누가복음 12:16-21

16또 비유로 그들에게 말하여 이르시되 한 부자가 그 밭에 소출이 풍성하매
17심중에 생각하여 이르되 내가 곡식 쌓아 둘 곳이 없으니 어찌할까 하고 18
또 이르되 내가 이렇게 하리라 내 곳간을 헐고 더 크게 짓고 내 모든 곡식과
물건을 거기 쌓아 두리라 19또 내가 내 영혼에게 이르되 영혼아 여러 해 쓸
물건을 많이 쌓아 두었으니 평안히 쉬고 먹고 마시고 즐거워하자 하리라 하
되 20하나님은 이르시되 어리석은 자여 오늘 밤에 네 영혼을 도로 찾으리니
그러면 네 준비한 것이 누구의 것이 되겠느냐 하셨으니 21자기를 위하여 재
물을 쌓아 두고 하나님께 대하여 부요하지 못한 자가 이와 같으니라

도입을 위한 글

얼마 전, 중국 사회과학원 고고학연구소 탐사팀은 허난성 옌스 유적지에서 상나라 주왕의 향락터였던 '주지육림'(酒池肉林) 터를 찾았다고 공식 발표했습니다. 주지육림은 말 그대로 인공 연못에 술을 채워놓고, 그 곁에는 안주인 고기를 걸어 숲을 이뤘던 곳입니다. 상나라의 주왕은 이곳에서 미소녀들과 향락을 즐겼다고 합니다. 그가 향락을 탐하는 동안 그 자신은 물론이요, 한 가정과 나라까지도 망하게 되었습니다. 이번 과에서는 검소하고 절제 있는 생활에 대해 살펴보겠습니다.

도입 질문

1. 여러분은 지출 계획을 세우고 그에 따라 돈을 쓰고 있습니까?

2. 여러분의 지출 가운데 가장 많은 비중을 차지하고 있는 부분은 무엇입니까?

본문 질문

1. 본문에 나오는 부자가 원하는 삶은 어떤 삶이었습니까?(19절)

2. 이 부자가 어리석은 이유는 무엇입니까?(20절)

3. 본문 속의 부자와 다음의 이야기에 나오는 부자의 공통점은 무엇입

니까? 또한 이들의 삶에 있어서 가장 큰 문제점은 무엇입니까?

19한 부자가 있어 자색 옷과 고운 베옷을 입고 날마다 호화롭게 즐기더라 20그
런데 나사로라 이름하는 한 거지가 헌데 투성이로 그의 대문 앞에 버려진 채
21그 부자의 상에서 떨어지는 것으로 배불리려 하매 심지어 개들이 와서 그 헌
데를 핥더라 22이에 그 거지가 죽어 천사들에게 받들려 아브라함의 품에 들어
가고 부자도 죽어 장사되매 23그가 음부에서 고통중에 눈을 들어 멀리 아브라
함과 그의 품에 있는 나사로를 보고 24불러 이르되 아버지 아브라함이여 나를
긍휼히 여기사 나사로를 보내어 그 손가락 끝에 물을 찍어 내 혀를 서늘하게
하소서 내가 이 불꽃 가운데서 괴로워하나이다 25아브라함이 이르되 얘 너는
살았을 때에 좋은 것을 받았고 나사로는 고난을 받았으니 이것을 기억하라 이
제 그는 여기서 위로를 받고 너는 괴로움을 받느니라_눅 16:19-25

배우기

1. 이 부자는 재물을 쌓아 놓는 것에만 열중했습니다. 또한 많은 재물을 가지고 평안히 쉬고 먹고 마시며, 즐거이 사는 일에만 관심을 기울였습니다. 이 부자에게 있어서 재물은 오직 자신의 평안하고 안락한 삶을 유지하고 쾌락을 즐기는데 소용이 있었을 뿐입니다.

그러나 성경은 쾌락을 탐하는 삶을 경계하고 있습니다. 이는 스스로의 삶을 병들게 하며, 무엇보다 재물을 쾌락만을 추구하기 위해서 쓰

는 것이 하나님께서 재물을 허락하신 이유에 반하는 것이기 때문입니다. 검소한 삶은 자신을 위해서도, 이웃을 위해서도 유익하다는 사실을 기억하십시오.

연락을 좋아하는 자는 가난하게 되고 술과 기름을 좋아하는 자는 부하게 되지 못하느니라_잠 21:17

2. 이 부자는 오직 재물의 축적과 쾌락에만 관심을 기울였을 뿐, 이웃의 삶이나 영원한 삶에는 전혀 관심이 없었습니다. 그는 '인생은 유한하다'라는 단순한 진리에 무지했던 것입니다. 그래서 시편 기자는 인생을 오고 가며 이내 흩어지고 마는 바람에 비유하기도 했습니다.

그들은 육체이며 가고 다시 돌아오지 못하는 바람임을 기억하셨음이라_시 78:39

3. 두 부자 모두 재물을 모으고 사치하는 것에만 관심을 쏟았다는 공통점이 있었습니다. 이 두 부자는 이웃의 삶에 무관심했으며, 영생에도 무지했습니다. 이들에게 있어서 재물은 오직 모으기 위한 것이었고, 이렇게 모아진 재물은 쾌락을 위해 쓰여졌습니다. 이들은 검소하게 살지도 못했고, 이웃을 위해 넉넉하게 베풀 줄도 몰랐습니다. 그러나 성경은 나누고 베푸는 삶이 복되다고 가르쳐주고 있습니다.

범사에 여러분에게 모본을 보여준 바와 같이 수고하여 약한 사람들을 돕고 또 주 예수께서 친히 말씀하신 바 주는 것이 받는 것보다 복이 있다 하심을 기억하여야 할지니라_행 20:35

또한 재물은, 재물 자체가 목적이 되어서는 안 됩니다. 재물은 모으고 쌓아놓을 때가 아니라 적절하게 사용되어질 때 그 의미를 찾을 수 있습니다.

[19]너희를 위하여 보물을 땅에 쌓아 두지 말라 거기는 좀과 동록이 해하며 도둑
이 구멍을 뚫고 도둑질하느니라 [20]오직 너희를 위하여 보물을 하늘에 쌓아 두
라 거기는 좀이나 동록이 해하지 못하며 도둑이 구멍을 뚫지도 못하고 도둑질
도 못하느니라_마 6:19-20

적용 질문

1. 의식주에 있어서 여러분의 삶은 검소합니까?

2. 여러분은 어떤 부분에서 사치하고 있습니까?

생각하는 이야기

돈 쓰는 방법

돈을 어떻게 써야 하는가?

미국의 강철 왕 카네기는 돈 쓰는 방법에 대해 다음과 같이 말했다.
- 유언으로 자손에게 분배한다.
- 사후에 공공사업에 기증한다.
- 생전에 공공사업에 분배한다.

신앙인이었던 카네기는 수입의 대부분을 세 번째 방법으로 썼다.

또한 카네기는 헌금하는 이유에 대해 다음과 같이 말했다.
- 하나님께서 만물과 독생자를 주셨기 때문이다.
- 영적 전쟁의 유지비가 필요하다.
- 동정과 구제가 필요하다.
- 하늘에 보화를 쌓는 방법이다.
- 그리스도의 모범을 따르기 위해서다.

◇ 메 시 지 ◇

본문에 나오는 부자는 창고가 모자랄 정도로 많은 재물을 모았습니다. 창고에 쌓인 많은 재물은 부자의 안일함과 쾌락을 위해 쓰여질 것이었습니다. 이 부자는 즐거운 인생을 꿈꾸었지만, 하나님이 그 생명을 거두시니 그 많던 재물도 아무런 소용이 없었습니다. 인생의 가장 큰 지혜는 스스로의 한계를 알고, 하나님께 모든 것을 의지하는 것입니다. 헛된 것을 위한 투자, 사라져 갈 것들을 향한 집착만큼 어리석은 일도 없습니다. 본문의 어리석은 부자 이야기는 우리에게 이러한 점을 잘 보여 줍니다.

여러분에게 있어서 재물은 어떤 의미가 있습니까? 여러분은 무엇을 위해 돈을 벌며, 무엇을 계획하며 저축하고 있습니까? 또 여러분은 지금 어떤 곳에다 돈을 쓰고 있습니까? 단지 돈을 많이 모았다고 해서 인생의 성공자가 되는 것은 아닙니다. 오히려 돈을 어떻게 쓰느냐에 따라서 인생의 평가가 달라집니다.

자신을 위해서는 검소한 생활, 이웃을 위해서는 넉넉한 베풂, 그리고 하나님을 위해서는 분명한 목적을 가지고 재물을 사용하십시오. 그러면 세상 사람들은 여러분의 인생을 성공한 것으로 평가할 것입니다. 또한 하나님께서는 그러한 여러분을 인정해주실 것입니다.

5과 재물과 인간관계

· 찬송: 456(구 509)장 · 본문: 출 22:25-27 · 요절: 롬 13:8

출애굽기 22:25-27

25네가 만일 너와 함께 한 내 백성 중에서 가난한 자에게 돈을 꾸어 주면 너
는 그에게 채권자 같이 하지 말며 이자를 받지 말 것이며 26네가 만일 이웃
의 옷을 전당 잡거든 해가 지기 전에 그에게 돌려보내라 27그것이 유일한 옷
이라 그것이 그의 알몸을 가릴 옷인즉 그가 무엇을 입고 자겠느냐 그가 내
게 부르짖으면 내가 들으리니 나는 자비로운 자임이니라

피차 사랑의 빚 외에는 아무에게든지 아무 빚도 지지 말라 남을 사랑하는 자는 율법을 다 이루었느니라_롬 13:8

도입을 위한 글

우리는 지금 신용불량자가 몇 백만을 헤아리는 신용불량의 시대를 살고 있습니다. 기업과 가계는 물론이고, 각 개인의 빚은 나날이 늘어가며, 빚과 가난으로 인해 자살하는 사람들이 꼬리를 잇고 있습니다. 돈의 영향력은 매우 커서 인간관계를 풍성하게도 하지만 파괴시키기도 합니다. 특히, 빚과 보증은 인간관계를 종속적으로 만드는 요소로 작용합니다. 경제적으로는 불황의 시대, 인간적으로는 소외와 상실의 시대를 살아가는 현 세대의 사람들은 재물과 인간관계에 대해 다시 한번 돌아보아야 할 것입니다. 이번 과를 통해 재물과 인간관계, 특히 빚과 보증의 문제를 깊이 생각해 보고 어려운 시대를 살아가는데 있어서 능히 이길 만한 지혜를 얻게 되기를 바랍니다.

도입 질문

1. 여러분은 지금 빚을 지고 있습니까? 만약 있다면, 그 빚을 어떤 방법으로 갚으려고 계획하고 있습니까?

2. 여러분은 누군가에게 돈을 꾸어주거나 보증을 서 본 경험이 있습니까? 또는 돈을 떼인 적이 있습니까? 만약 있다면, 그 경험을 함께 나눠보십시오.

본문 질문

1. 사람이 져야 할 빚은 무엇입니까?(롬 13:8)

2. 출애굽기 22장의 본문은 돈을 꿔준 사람의 태도에 대해 말하고 있습니다. 돈을 꾸인 사람이 마땅히 해야 할 태도를 말해보십시오. 또한 그렇게 해야 하는 이유는 무엇입니까?

3. 다음의 말씀을 읽고, 보증에 대한 성경의 가르침이 무엇인지 말해보십시오.

[1]내 아들아 네가 만일 이웃을 위하여 담보하며 타인을 위하여 보증하였으면 [2]
네 입의 말로 네가 얽혔으며 네 입의 말로 인하여 잡히게 되었느니라 [3]내 아
들아 네가 네 이웃의 손에 빠졌은즉 이같이 하라 너는 곧 가서 겸손히 네 이웃
에게 간구하여 스스로 구원하되 [4]네 눈을 잠들게 하지 말며 눈꺼풀을 감기게
하지 말고 [5]노루가 사냥꾼의 손에서 벗어나는 것 같이, 새가 그물 치는 자의
손에서 벗어나는 것 같이 스스로 구원하라_잠 6:1-5

배우기

1. 현대 사회에서 어느 정도의 빚은 필수불가결한 것이기도 합니다. 특히 신용카드는 필수품으로 통용되어, 빚은 신용이라는 그럴듯한 말로 포장되어 사람들을 유혹합니다. 무분별한 카드의 사용으로 인한 신용불량자의 양산은 지금 우리나라의 큰 문제가 되고 있습니다. 살아가면서 어쩔 수 없이 빚을 지는 경우도 있지만, 빚을 졌다면 그 빚을 청산하기 위해 애써야 합니다. 특히 꼭 필요한 문제가 아닌 사치나 향락으로 인해 빚을 지게 되었다면 스스로의 생활을 반성하여 다시는 빚을 지지 않도록 조심해야 합니다.

악인은 꾸고 갚지 아니하나 의인은 은혜를 베풀고 주는도다_시 37:21

2. 빚은 인간관계를 종속적으로 만듭니다. 그러므로 가급적이면 빚을 지지 않도록 해야 합니다. 만약 빚을 졌다면, 힘써 노력하여 반드시 갚아야 합니다. 이는 빚으로 인해 인간관계가 파괴되는 것을 막아주는 최소한의 방도입니다.

부자는 가난한 자를 주관하고 빚진 자는 채주의 종이 되느니라_잠 22:7

또한 성경은 가난한 자에게 꾸인 자가 가져야 할 태도에 대해서도 가르치고 있습니다. 즉 사치로 인한 빚이 아닌 가난한 자가 그 생존을 위해 진 빚이라면, 꾸인 자는 관대한 태도를 가져야 합니다.

3. 보증을 서는 일처럼 사람을 곤혹스럽게 만드는 일도 없습니다. 보증을 요청받을 때면 신의와 자신이 감수해야 할 위험 사이에서 고민하게 됩니다. 그러나 성경은 단호하게 보증을 서는 일에 대해 반대하고 있습니다. 이는 신의의 문제가 아니라 자신의 능력의 범위를 넘어서는 일이기 때문입니다. 그냥 줄지언정 확증되지 않는 기대로 보증을 서는 행위는 서로를 위해 바람직하지 않습니다. 이는 곧 서로 간의 인간관계를 파괴하는 길이기 때문입니다.

타인을 위하여 보증이 되는 자는 손해를 당하여도 보증이 되기를 싫어하는 자는 평안하니라_잠 11:15

지혜 없는 자는 남의 손을 잡고 그의 이웃 앞에서 보증이 되느니라_잠 17:18

26너는 사람과 더불어 손을 잡지 말며 남의 빚에 보증을 서지 말라 27만일 갚을 것이 네게 없으면 네 누운 침상도 빼앗길 것이라 네가 어찌 그리하겠느냐_잠 22:26–

적용 질문

1. 빚을 지지 않기 위해 여러분이 가장 힘써야 할 부분은 무엇입니까?

2. 이웃들과의 돈 거래, 특히 교인들 간의 돈 거래가 있다면 여러분이 가장 민감하게 주의해야 할 부분은 무엇입니까?

생각하는 이야기

갚을 수 없는 빚

오래 전, 미국의 보스턴 시에 스트로사라는 청년이 살았습니다. 그는 큰 꿈을 가지고 있었지만, 그 꿈을 이루는데 필요한 돈이 없어서 거부인 바턴 씨를 찾아가서 2천 불을 빌려 달라고 부탁했습니다. 자신에게 담보는 없지만 일에 대한 꿈과 용기가 있으니 믿고 빌려주면, 그 은혜는 잊지 않겠노라고 자신 있게 말했습니다. 바턴 씨의 주위 사람들은 경력도 없는 그에게 담보나 후원자도 없이 돈을 꾸어주는 것은 위험한 일이라고 만류했습니다. 그러나 바턴 씨는 그 청년의 용기가 마음에 들어 모험을 걸고 2천 불을 주었습니다. 그런데 정말로 스트로사는 얼마 되지 않아 그 돈을 갚았습니다.

이 일이 있은 지 10년이 지났습니다. 당시 미국에는 대 경제공황이 일어나 바턴 씨는 완전히 파산할 지경에 이르렀습니다. 소문으로 이 사실을 듣게 된 스트로사는 바턴 씨를 찾아가 그가 빚진 돈 7만 5천 불을 대신 갚아 주겠다고 말했습니다. 바턴 씨는 깜짝 놀라 “자네가 가져갔던 돈은 이미 갚았는데 무슨 소리요?”라고 말하며 의아해했습니다. 그러자 스트로사는 다음과 같이 말했습니다. “분명히 빚진 돈 2천 불은 옛날에 갚았지만, 당신이 베풀어 준 은덕은 평생 갚지를 못합니다. 그 때에 2천 불로 장사를 해서 오늘 이렇게 큰 부자가 되었습니다. 이것이 돈으로 갚아진다고 생각하는 사람은 정신 나간 사람입니다. 은덕과 사랑은 영원히 갚을 수 없는 빚입니다.”

◇ 메 시 지 ◇

재물은 인간관계에 깊은 영향을 끼치는 요소 중의 하나입니다. 재물을 함께 나누거나 서로의 유익을 위해 사용할 때 그것은 인간관계의 깊이를 더하는 요소가 될 수 있습니다. 그러나 재물은 종종 인간관계를 깨뜨리는 독소로도 작용합니다. 빚을 지거나, 보증으로 인해 손해가 닥치게 되면 인간관계는 파괴될 위험에 처하게 됩니다. 재물은 대부분의 경우, 욕심을 동반하기 때문입니다.

여러분에게 갚아야 할 빚이 있다면, 무엇보다 먼저 그 빚을 갚기 위해 노력하십시오. 빚은 여러분에게도, 또 빚을 준 사람에게도 무거운 짐이 됩니다. 또한 여러분의 능력의 범위를 넘어서는 일에 보증을 서지 마십시오. 허물어질 수도 있는 기대에 여러분의 재물과 신의를 모두 거는 일은 몹시 위험한 일입니다. 혹시 잘못되었을 경우, 여러분은 신의와 재물을 함께 잃게 된다는 사실을 잊지 마십시오.

만약 여러분에게 여유가 있다면, 힘써 이웃을 도우십시오. 본문의 말씀과 같이 채주처럼 하지 말고, 애정과 인내로 하십시오. 빚을 핑계 삼아 다른 이들을 종속적인 관계에 놓이게 하는 것은 하나님께서 원하시지 않는 일입니다. 특히 여러분에게 도움을 청하는 이가 가난한 이라면, 여러분은 더욱 큰 사랑으로써 그를 도와야 합니다.

이제 여러분은 무엇보다 사랑의 빚 이외에는 아무런 빚도 지지 말라는 권면을 마음에 새기십시오. 여러분과 주변의 사람들과의 관계에 있어 재물이 끼어들 여지를 주지 마십시오. 다만 사랑으로써, 사랑의 마음으로 구별된 재물을 가지고 이웃과 관계하십시오. 여러분이 사랑의 마음과 지혜로 재물을 다스릴 때, 여러분의 인간관계는 더욱 알차고 성숙해질 것입니다.

6과 구제와 나눔

· 찬송: 220(구 278)장 · 본문: 마 25:31–46 · 요절: 마 25:40

마태복음 25:31–46

31인자가 자기 영광으로 모든 천사와 함께 올 때에 자기 영광의 보좌에 앉으
리니 32모든 민족을 그 앞에 모으고 각각 구분하기를 목자가 양과 염소를 구
분하는 것 같이 하여 33양은 그 오른편에 염소는 왼편에 두리라 34그 때에
임금이 그 오른편에 있는 자들에게 이르시되 내 아버지께 복 받을 자들이여
나아와 창세로부터 너희를 위하여 예비된 나라를 상속받으라 35내가 주릴
때에 너희가 먹을 것을 주었고 목마를 때에 마시게 하였고 나그네 되었을
때에 영접하였고 36헐벗었을 때에 옷을 입혔고 병들었을 때에 돌보았고 옥
에 갇혔을 때에 와서 보았느니라 37이에 의인들이 대답하여 이르되 주여 우
리가 어느 때에 주께서 주리신 것을 보고 음식을 대접하였으며 목마르신 것
을 보고 마시게 하였나이까 38어느 때에 나그네 되신 것을 보고 영접하였으
며 헐벗으신 것을 보고 옷 입혔나이까 39어느 때에 병드신 것이나 옥에 갇
히신 것을 보고 가서 뵈었나이까 하리니 40임금이 대답하여 이르시되 내가
진실로 너희에게 이르노니 너희가 여기 내 형제 중에 지극히 작은 자 하나
에게 한 것이 곧 내게 한 것이니라 하시고 41또 왼편에 있는 자들에게 이르
시되 저주를 받은 자들아 나를 떠나 마귀와 그 사자들을 위하여 예비된 영
원한 불에 들어가라 42내가 주릴 때에 너희가 먹을 것을 주지 아니하였고 목
마를 때에 마시게 하지 아니하였고 43나그네 되었을 때에 영접하지 아니하
였고 헐벗었을 때에 옷 입히지 아니하였고 병들었을 때와 옥에 갇혔을 때에
돌보지 아니하였느니라 하시니 44그들도 대답하여 이르되 주여 우리가 어
느 때에 주께서 주리신 것이나 목마르신 것이나 나그네 되신 것이나 헐벗으
신 것이나 병드신 것이나 옥에 갇히신 것을 보고 공양하지 아니하더이까 45
이에 임금이 대답하여 이르시되 내가 진실로 너희에게 이르노니 이 지극히

작은 자 하나에게 하지 아니한 것이 곧 내게 하지 아니한 것이니라 하시리니 46그들은 영벌에, 의인들은 영생에 들어가리라 하시니라

도입을 위한 글

세계 인구의 3분의 1에 해당하는 20억 정도의 사람들이 매일 허기에 시달리고 있으며, 중남미와 아프리카의 빈곤 국가들에서 굶어 죽는 사람의 숫자는 수백만을 넘습니다. 이토록 심각한 빈곤의 문제는 사람들의 욕심에서 비롯되었습니다. 하나님께서는 지구상의 모든 인구가 먹을 만한 식량을 주셨지만, 국가적 · 상업적인 이유로 이 식량은 독점되고 있습니다. 당장 우리 주변에서 버려지는 음식물 쓰레기의 양은 연간 15조 원에 이르고 있으며, 미국인 한 끼의 식사는 배고픈 아프리카인 30명의 하루의 섭취 영양가에 해당한다고 합니다. 나눔이 막힐 때 우리는 서로의 필요를 빼앗아 내 욕심을 채우는 범죄를 행하고 있음을 알아야 합니다. 이번 과에서는 나눔과 구제에 대해 생각해보려고 합니다.

도입 질문

1. 여러분은 궁핍한 이웃을 도와준 적이 있습니까?

2. 여러분이 가장 연민을 느끼는 대상은 누구입니까?

본문 질문

1. 의인과 악인을 가르는 기준은 무엇이었습니까? 또한 그들이 의인과 악인으로 갈라진 후의 결과는 어떠했습니까?

2. 다음의 말씀을 읽고, 구제와 나눔의 대상이 되는 사람들은 누구인지 말해보십시오. 또한 지금 여러분의 주변에서 도움을 필요로 하는 사람들이 있다면, 구체적으로 말해보십시오.

7네 하나님 여호와께서 네게 주신 땅 어느 성읍에서든지 가난한 형제가 너와
함께 거주하거든 그 가난한 형제에게 네 마음을 완악하게 하지 말며 네 손을
움켜 쥐지 말고 8반드시 네 손을 그에게 펴서 그에게 필요한 대로 쓸 것을 넉
넉히 꾸어주라 9삼가 너는 마음에 악한 생각을 품지 말라 곧 이르기를 일곱째
해 면제년이 가까이 왔다 하고 네 궁핍한 형제를 악한 눈으로 바라보며 아무
것도 주지 아니하면 그가 너를 여호와께 호소하리니 그것이 네게 죄가 되리라
10너는 반드시 그에게 줄 것이요, 줄 때에는 아끼는 마음을 품지 말 것이니라
이로 말미암아 네 하나님 여호와께서 네가 하는 모든 일과 네 손이 닿는 모든
일에 네게 복을 주시리라 11땅에는 언제든지 가난한 자가 그치지 아니하겠으

므로 내가 네게 명령하여 이르노니 너는 반드시 네 땅 안에 네 형제 중 곤란한 자와 궁핍한 자에게 네 손을 펼지니라_신 15:7-11

3. 다음의 말씀을 읽고, 서로 나누는 삶의 유익에 대해 말해보십시오.

이제 너희의 넉넉한 것으로 그들의 부족한 것을 보충함은 후에 그들의 넉넉한 것으로 너희의 부족한 것을 보충하여 균등하게 하려 함이라_고후 8:14

배우기

1. 최후 심판의 기준은 가난한 자들을 구제했는가에 달려 있습니다. 곧 이 세상에서 사랑을 실천했는가의 여부에 따라 오른편의 양과 왼편의 염소로, 영생과 영벌로 심판받게 된다는 것입니다. 주님은 그런 맥락에서 "내 형제 중에 지극히 작은 자 하나에게 한 것이 곧 내게 한 것"(40절)이라고 단언하셨습니다. 즉 구제와 나눔으로 사랑을 실천하는 것은, 하나님을 사랑하는 것과 똑같은 일입니다.

2. 구제와 나눔은 형편에 따라서, 혹은 여력이 있을 때만 하는 일이 아닙니다. 성경은 구제와 나눔을 반드시 행해야 할 하나님의 뜻이라고 가르치고 있습니다. 이 땅에는 언제나 가난한 자가 그치지 않을 것이기

때문에 구제와 나눔도 그쳐서는 안됩니다.

나눌 수 있는 것, 그 자체가 복입니다. 하나님께서 내게 더 주셨기 때문에 다른 이들과 나눌 수 있는 것으로 여긴다면, 구제와 나눔은 어려운 일이 아닌 자연스러운 삶의 태도가 됩니다. 그래서 나눔과 구제는 성도의 여러 덕목들 중의 하나가 아닌, 하나님 사랑의 가장 본질적이고 구체적인 표현입니다.

누가 이 세상의 재물을 가지고 형제의 궁핍함을 보고도 도와 줄 마음을 닫으면 하나님의 사랑이 어찌 그 속에 거하겠느냐_요일 3:17

3. 구제와 나눔은 일방적으로 주는 사람의 손해나 희생이 아닌, 주는 자와 받는 자 모두가 유익을 누리는 길입니다. 이는 하늘에 보화를 쌓는 길이며, 서로 돕는 길을 열어 주는 아름다운 삶의 태도입니다. 본문의 비유처럼 작은 자 하나에게 한 것은 곧 주님께 한 것이므로 구제와 나눔은 하나님의 뜻을 이루는 길이요, 사람과 사람 사이의 벽을 허무는 방법입니다. 이로써 모든 사람들은 하나님께서 주신 복을 더불어 누릴 수 있습니다. 이런 삶이야말로 하나님께서 원하시는 사랑의 삶입니다.

17네가 이 세대에서 부한 자들을 명하여 마음을 높이지 말고 정함이 없는 재물에 소망을 두지 말고 오직 우리에게 모든 것을 후히 주사 누리게 하시는 하나님께 두며 18선을 행하고 선한 사업을 많이 하고 나누어 주기를 좋아하며 너그러운 자가 되게 하라 19이것이 장래에 자기를 위하여 좋은 터를 쌓아 참된 생명을 취하는 것이니라_딤전 6:17-19

너희 소유를 팔아 구제하여 낡아지지 아니하는 배낭을 만들라 곧 하늘에 둔 바 다함이 없는 보물이니 거기는 도둑도 가까이 하는 일이 없고 좀도 먹는 일이 없느니라_눅 12:33

적용 질문

1. 여러분은 자신의 시간과 노력, 그리고 돈을 얼마나 구제와 나눔에 사용하고 있습니까?

2. 구제와 나눔에 있어서 개인이 감당할 수 있는 부분과 교회 등의 단체에서 감당해야 할 부분을 나눠보십시오. 이렇게 나누는 이유는 무엇입니까?

생각하는 이야기

돼지 저금통의 유래

미국 캔자스 주의 작은 마을에 채프먼 부부가 살고 있었다. 한번은 그의 아들 윌버가 자신에게 용돈을 준 탄넬 씨에게 다음과 같은 편지를 써 보냈다. "저희 마을에는 한센병 환자들이 많아요. 저는 아저씨가 준 3달러로 새끼 돼지를 사서 키우려고 합니다. 이 돼지를 팔아 한센병 환자 가족들을 도우려고 합니다." 소년은 열심히 돼지를 키웠다. 마을의 꼬마들도 관심을 갖고 함께 돼지를 키웠다. 새끼 돼지 '페트'는 살이 포동포동 올랐다. 소년은 이듬해 돼지를 팔아 한센병 환자 가족을 도왔다. 그런데 이 사실이 한 신문에 소개되면서 많은 사람들이 돼지 저금통을 만들어 이웃을 돕기 시작했다.

이것이 최초의 돼지 저금통이다. 그때부터 소년들은 군것질할 것을 아껴 저금통에 넣었다. 그리고 이 돈을 한센병 환자의 구제에 사용했다. 한 소년의 작은 사랑이 최초의 '돼지 저금통'을 만든 것이다.

◇ 메 시 지 ◇

흔히 나누고 베푸는 일은 손해나 희생으로 여겨지기 쉽습니다. 당장 내 것이 줄어들기 때문입니다. 그러나 나눔은 오히려 풍요의 비결이 됩니다. 하나님께서는 서로 나누는 삶을 살 때 우리의 삶이 더욱 풍성해질 것이라고 말씀하셨습니다. 그렇습니다. 단순히 사랑뿐만이 아니라, 우리에게 주어진 재물도 서로 나눌 때 모두가 행복을 누릴 수 있습니다.

"얻어 먹을 수 있는 힘만 있어도 그것은 주님의 은총입니다." 이 말은 꽃동네를 상징하는 문구로 널리 알려져 있습니다. 내가 미리 알아서 손을 내밀어 도와주지는 못할망정, 도움을 바라며 내민 손을 거절하는 것은 사람의 도리가 아닙니다. 여러분의 움켜쥔 손 때문에 우는 사람이 있다면, 주님은 그들의 울음소리를 들어주십니다. 여러분이 거절한 손길이 있다면, 그 손이 드리는 기도를 주님께서 들으십니다.

예수님은 이를 비유로 가르쳐주셨습니다. 지극히 작은 자 하나에게 한 것이 곧 주님을 위한 것이라는 사실을 믿음으로 고백할 때, 우리의 나눔으로 하나님의 마음을 기쁘시게 할 수 있습니다.

나누되, 인색함이 아닌 너그럽고 풍요한 마음으로 나누십시오. 구제하되, 억지로가 아닌 자발적이고 기쁜 마음으로 구제하십시오. 베풀되, 주님께 하듯이 정성과 겸손함으로 베푸십시오.

여러분이 나누는 삶을 살 때 여러분의 이웃들은 웃음 지을 수 있게 되고, 그 웃음소리는 우리 모두와 하나님을 기쁘시게 할 것입니다.

7과 미래를 준비하는 삶

· 찬송: 436(구 493)장 · 본문: 잠 6:6–11 · 요절: 잠 6:8

잠언 6:6–11

6게으른 자여 개미에게 가서 그가 하는 것을 보고 지혜를 얻으라 7개미는 두
령도 없고 감독자도 없고 통치자도 없으되 8**먹을 것을 여름 동안에 예비하
며 추수 때에 양식을 모으느니라** 9게으른 자여 네가 어느 때까지 누워 있겠
느냐 네가 어느 때에 잠이 깨어 일어나겠느냐 10좀더 자자, 좀더 졸자, 손을
모으고 좀더 누워 있자 하면 11네 빈궁이 강도 같이 오며 네 곤핍이 군사 같
이 이르리라

도입을 위한 글

통계청에 따르면, 2003년 7월 1일을 기점으로 우리나라의 65세 이상 노령 인구는 337만 1천 명으로 총인구 4천 727만 5천 명의 7.1%를 차지해 고령화 사회에 돌입했다고 합니다. 또한 평균 수명도 2,000년엔 74.9세에서 2010년엔 77.0세로 계속 늘어날 전망입니다. 이런 점에서 지금 30-40대가 노인이 되는 시대를 생각해보면, 이 같은 통계가 의미하는 것은 매우 심각합니다. 이제 젊은 세대는 그 스스로 노년의 준비 세대라는 인식 속에 미래와 노년을 준비해야 합니다. 하나님께서 주신 장수의 복은 영육간에, 또한 경제적인 뒷받침이 있을 때 누릴 수 있는 것이기 때문입니다. 이번 과를 통해 신앙적 · 경제적으로 평안한 미래의 삶을 계획하고 준비하는 지혜를 얻게 되기를 바랍니다.

도입 질문

1. 여러분은 미래를 위해 어떤 준비를 하고 있습니까?

2. 더 나은 미래를 위해 지금 여러분이 꼭 해야 할 일은 무엇입니까?

본문 질문

1. 개미를 보고 어떤 점을 배울 수 있습니까?

2. 본문이 가장 경계하고 있는 것은 무엇입니까?

3. 여러분이 미래를 위해 신앙적으로 준비해야 할 것들은 무엇입니까?

[19]너희를 위하여 보물을 땅에 쌓아 두지 말라 거기는 좀과 동록이 해하며 도둑
이 구멍을 뚫고 도둑질하느니라 [20]오직 너희를 위하여 보물을 하늘에 쌓아 두
라 거기는 좀이나 동록이 해하지 못하며 도둑이 구멍을 뚫지도 못하고 도둑질
도 못하느니라_마 6:19-20

4. 여러분의 미래와 노년을 위해 경제적으로 준비해야 할 것들은 무엇입니까?

배우기

1. 우리가 잘 아는 개미와 베짱이의 이야기처럼 본문의 개미도 성실과 근면의 상징으로 나타나고 있습니다. 개미는 더운 여름에 땀흘려 노력했고 이로 인해 추수 때 양식을 모을 수 있었습니다. 이처럼 미래를 준비한다는 것은 현재의 수고를 감내한다는 뜻이기도 합니다.

2. 본문이 가장 경계하고 있는 것은 게으름이며, 게으름은 미래에 대한 준비를 소홀하게 만들고 무시하게 합니다. 막연한 기대만을 가지고 미래를 맞이한다면, 그 미래는 여러분에게 아무것도 주지 않을 것입니다. 그래서 성경은 도적같이 오는 미래를 대비하라고 깨우쳐 줍니다.

주의 날이 밤에 도둑 같이 이를 줄을 너희 자신이 자세히 알기 때문이라_살전_5:2

3. 하나님의 심판과 이웃들의 평가는 피해갈 수 없는 여러분의 삶에 대한 결산입니다. 하나님의 일을 위해 충성하는 것, 또 이웃들에게 덕을 쌓는 것은 여러분의 미래가 더욱 튼튼히 서도록 도울 것입니다. 아무리 재산을 많이 모았다고 해도 하나님과 이웃들로부터 인정받지 못한다면 여러분의 미래는 결코 밝지 못할 것입니다. 그러므로 이기적인 마음을 버리고 바른 믿음과 겸손과 섬김의 덕을 쌓는 일에 더욱 열심을 내십시오.

그런즉 너희는 먼저 그의 나라와 그의 의를 구하라 그리하면 이 모든 것을 너희에게 더하시리라_마 6:33

4. 아무런 경제적인 준비 없이 노후를 맞는다면, 여러분의 삶은 몹시 곤궁해질 것입니다. 그러므로 미래를 위해 적절한 경제적인 준비를 하는 것은 지혜로운 일입니다. 대개 경제적인 준비로 꼽을 수 있는 것들은 저축, 연금, 보험, 증권, 부동산 투자, 창업, 정년이 없는 직장 구하기 등일 것입니다. 자신의 형편에 맞게 적절한 것을 고르는 지혜, 위험 부담이 덜하고 안정적인 삶을 보장해 줄 수 있는 수단을 고르는 지혜가 필요합니다. 다음은 한 연구소가 일반적인 경우를 가정해서 계산한 노후 대책에 필요한 재정 계획입니다.

노후 대책을 위한 재정 계획

60세인 부부가 평균 기대 수명(남 77.5세, 여 82.2세)까지 살 경우, 필수 생계비와 최소한의 용돈만 쓴다고 했을 때 과연 얼마의 생계비가 필요할까? 국민연금관리공단은 7일 보건복지부 산출 기초 생활비와 통계청에서 산출한 가계 소비 지출비, 연간 물가 상승률, 평균 기대 수명 등을 근거로 노후 생활 자금을 추산해 발표했는데, 만 60세인 부부가 평균 기대 수명(남 77.5세, 여 82.2세)까지 산다고 가정할 때, 기초 생활보장 수급자 수준의 기초 생활비(월 58만 9000여 원)와 월 50만 원의 용돈만 써도 총 2억 6141만 원으로 월 평균 200만 원 가량이 필요한 것으로 계산됐다. 이 계산은 부부 모두 건강 상태가 양호한 것을 전제로 하며, 나머지 가족 등의 장기 간병비나 자녀 교육비, 결혼자금, 자식에게 물려줄 유산 등은 고려되지 않았다. 이런 사항들을 고려했을 때, 정년 퇴직(55~58세) 시점에 적어도 퇴직금을 포함, 약 3억 원 전후의 금융자산은 확보해야 안락한 노후생활을 할 수 있을 것이다.

적용 질문

1. 10년 혹은 20년 후, 여러분의 모습을 그려보십시오.

2. 세월이 흐를수록 여러분의 삶은 점점 더 하나님께로 가까이 나아가고 있습니까?

생각하는 이야기

개미와 베짱이

개미와 베짱이의 이야기는 너무 잘 알려진 이야기입니다.

1탄
개미는 열심히 일하고 베짱이는 놀다가 겨울이 되었고, 베짱이는 개미에게 얻어먹는 가련한 신세가 되었습니다. 정상적인 사회입니다.

2탄
개미는 열심히 일하다가 허리 디스크에 걸려 눕게 되자, 그동안 벌어놓은 재산을 다 탕진하여 거지가 되었습니다. 베짱이는 노래만 하다가 너무 노래를 잘 하게 되어 음반을 냈습니다. 음반이 날개 돋힌 듯이 팔려 부자가 되었습니다. 가치관의 혼돈 시대를 말합니다.

3탄
개미는 목사님께 안수 기도를 받고 다 나았습니다. 그리고 다시 열심히 일하여 부자가 되었습니다. 베짱이는 그 많은 돈으로 술, 마약을 하다가 몸이 망가져 죽었습니다. 정상적인 가치관으로 돌아온 이야기입니다.

◇ 메 시 지 ◇

개미와 베짱이의 겨울이 달랐듯이 미래를 준비한 사람과 그렇지 못한 사람의 미래는 전혀 다릅니다. 그들의 겨울이 달랐던 이유는,

먼저 그들의 여름이 달랐기 때문입니다. 개미는 아직 오지 않은 미래를 지혜롭게 준비했고, 베짱이는 곧 닥칠 미래를 미련함으로 방치했습니다. 사람의 눈이 위에 있는 이유는 오직 지금 당장의 일, 발등의 일만 바라보지 말고 더 멀리 있는 미래를 바라보라는 하나님의 배려일 것입니다.

미래를 준비하되 근면과 성실, 그리고 지혜와 믿음으로 준비하십시오. 이것들은 미래를 위한 가장 좋은 재산입니다. 무엇보다 하나님께 인정받는 삶을 위해 투자하십시오. 하나님으로부터 인정받지 못하면 모든 것이 허망합니다. 하나님의 심판을 준비하며 산다면, 여러분의 삶은 빛나가지 않을 것입니다.

다음으로는 이웃들의 평가를 준비하며 사십시오. 아무리 많은 재산을 모았다고 해도 이웃들의 평가가 냉랭하다면, 여러분의 미래는 쓸쓸함과 고독만이 채우게 될 것입니다. 더불어 살아가는 이들이 있을 때 여러분의 미래는 더욱 빛날 것입니다.

마지막으로, 노후에 필요한 재정을 미리 계획하고 준비하십시오. 하나님께서 여러분을 위해 베푸신 축복을 헛되이 낭비하지 마십시오. 재정적으로 준비된 미래는 여러분을 자신감 있게 만들 것이며, 이는 곧 인생의 보람을 거두는 힘이 될 것입니다.

하나님께서 여러분에게 주신 능력과 시간, 그리고 재물로 미래를 준비하십시오. 하나님은 미래를 위해 준비하는 사람들에게 더 좋은 것을 베풀어 주실 것입니다.

8과 바른 헌금

· 찬송: 218(구 369)장 · 본문: 고후 9:6–15 · 요절: 고후 9:7

고린도후서 9:6–15

6이것이 곧 적게 심는 자는 적게 거두고 많이 심는 자는 많이 거둔다 하는
말이로다 7각각 그 마음에 정한 대로 할 것이요 인색함으로나 억지로 하지
말지니 하나님은 즐겨 내는 자를 사랑하시느니라 8하나님이 능히 모든 은
혜를 너희에게 넘치게 하시나니 이는 너희로 모든 일에 항상 모든 것이 넉
넉하여 모든 착한 일을 넘치게 하게 하려 하심이라 9기록된 바 그가 흩어
가난한 자들에게 주었으니 그의 의가 영원토록 있느니라 함과 같으니라 10
심는 자에게 씨와 먹을 양식을 주시는 이가 너희 심을 것을 주사 풍성하게
하시고 너희 의의 열매를 더하게 하시리니 11너희가 모든 일에 넉넉하여 너
그럽게 연보를 함은 그들이 우리로 말미암아 하나님께 감사하게 하는 것이
라 12이 봉사의 직무가 성도들의 부족한 것을 보충할 뿐 아니라 사람들이 하
나님께 드리는 많은 감사로 말미암아 넘쳤느니라 13이 직무로 증거를 삼아
너희가 그리스도의 복음을 진실히 믿고 복종하는 것과 그들과 모든 사람을
섬기는 너희의 후한 연보로 말미암아 하나님께 영광을 돌리고 14또 그들이
너희를 위하여 간구하며 하나님이 너희에게 주신 지극한 은혜로 말미암아
너희를 사모하느니라 15말할 수 없는 그의 은사로 말미암아 하나님께 감사
하노라

도입을 위한 글

"할 수 있는 만큼 벌라. 할 수 있는 만큼 저축하라. 그리고 할 수 있는 만큼 쓰라." 존 웨슬리가 한 말입니다. 첫째 문장과 둘째 문장에는 누구라도 쉽게 동의하지만, 셋째 문장에까지 흔쾌히 동의하는 사람은 매우 적습니다. 웨슬리가 "쓰라"고 말한 대상은 자기 자신이 아닌 하나님과 이웃이기 때문입니다. 기쁨과 감사로 드려야 할 헌금이 인색함과 체면치레로 드리는 헌금이 되어 버리고 말았습니다. 교회에서 헌금을 말하기가 몹시 껄끄럽고 어색한 일이 되었습니다. 이는 헌금의 바른 의미가 퇴색하고, 헌금을 드리는 태도가 왜곡되었기 때문입니다. 이번 과를 통해서 바른 헌금, 하나님의 마음에 합한 헌금에 대해 생각해보기를 바랍니다.

도입 질문

1. 여러분은 어떤 목적과 이유로 헌금을 하고 있습니까?

2. 여러분은 다른 사람들의 눈을 의식하며 헌금을 한 적이 있습니까?

본문 질문

1. 하나님께서 모든 은혜를 우리에게 넘치게 하시는 이유는 무엇입니까?(8절)

2. 연보(헌금)의 의미는 무엇입니까?(12-13절)

3. 다음의 말씀들을 통해 바른 헌금의 모습을 말해보십시오.

1) 믿음으로 아벨은 가인보다 더 나은 제사를 하나님께 드림으로 의로운 자라 하시는 증거를 얻었으니 하나님이 그 예물에 대하여 증언하심이라 그가 죽었으나 그 믿음으로써 지금도 말하느니라_히 11:4

2) 감사로 제사를 드리는 자가 나를 영화롭게 하나니 그의 행위를 옳게 하는 자에게 내가 하나님의 구원을 보이리라_시 50:23

3) 그러므로 내가 이 형제들로 먼저 너희에게 가서 너희가 전에 약속한 연보를 미리 준비하게 하도록 권면하는 것이 필요한 줄 생각하였노니 이렇게 준비하여야 참 연보답고 억지가 아니니라_고후 9:5

4) [2]또 어떤 가난한 과부가 두 렙돈 넣는 것을 보시고 [3]이르시되 내가 참으로 너희에게 말하노니 이 가난한 과부가 다른 모든 사람보다 많이 넣었도다 [4]저들은 그 풍족한 중에서 헌금을 넣었거니와 이 과부는 그 가난한 중에서 자기가 가지고 있는 생활비 전부를 넣었느니라 하시니라_눅 21:2-4

배우기

1. 우리가 가진 모든 재물은 하나님의 것이며, 하나님께서는 그분의 분명한 뜻 안에서 우리에게 재물을 주셨습니다. 곧 재물을 하나님의 뜻과 이웃을 위해 사용하라고 하셨습니다. 그러므로 재물이 많다는 것은 우리가 그 재물을 가지고 해야 할 일이 많다는 것을 의미합니다. 본문에서는 이를 가리켜 "모든 착한 일을 넘치게 하게 하려 하심이라"(8절)고 말씀합니다.

2. 헌금은 먼저 하나님께 영광을 돌리는 데 그 일차적인 목적이 있습니다. 또한 헌금은 복음을 믿는 믿음에서 시작되며, 성도들의 부족한 것을 보충하는데도 사용됩니다. 즉 헌금은 하나님과 교회, 또한 이

웃을 위해 사용되는 거룩한 재물입니다. 그러므로 모든 그리스도인들에게 있어서 헌금은 믿음의 고백이요, 거룩하게 드리는 산 제사요, 교회와 이웃을 든든하고 풍요롭게 세우는 일에 책임을 다하는 바른 신앙의 표현입니다.

3. 다음의 말씀들을 통해 바른 헌금의 모습을 말해보십시오.

1) 헌금은 무엇보다 믿음에서 비롯된 행위입니다. 아벨은 형식적인 제사가 아닌 믿음의 제사를 드림으로써 의로운 자가 되었습니다.

2) 헌금은 감사의 표현으로 드려야 합니다. 받은 은혜, 받은 축복, 도우시는 은총에 대한 진정한 감사는 하나님을 영화롭게 합니다. 감사의 마음이 없는 헌금은 위선일 뿐입니다.

3) 헌금은 미리 준비해서 드려야 합니다. 그때그때 정성 없이 드리는 헌금은 하나님의 마음을 기쁘시게 할 수 없습니다. 또한 준비된 예물에는 억지가 있을 수 없습니다. 그래서 바울은 미리 준비한 예물이야말로 참 연보다운 연보라고 했습니다.

4) 헌금은 최선을 다해 드려야 합니다. 부자는 많이 드렸지만, 최선을 다한 헌금은 아니었습니다. 그러나 가난한 과부는 비록 두 렙돈밖에 드리지 못했지만, 최선을 다해 헌금을 드렸습니다. 하나님께 대한 헌금은 적선도 아니요, 과시가 되어서도 안 됩니다. 그러므로 각자의 상황에서 최선을 다해 드리는 헌금이야말로 하나님의 마음에 합한 헌금이 될 수 있습니다.

생각하는 이야기

우선 순위

"아버지, 저 녹음기 하나 있으면 좋겠어요." 중학생 막내 딸이 졸랐습니다. 학습 도구로 쓰기 위해서 어렵게 꺼낸 말이었음을 아버지는 잘 알고 있었습니다. 그러나 아버지는 그 딸의 요청을 들어줄 수가 없었습니다. 그는 그렇게 여유롭지 못한 목회자였던 것입니다. 1970년대, 그 시절에는 그렇게 여유롭지 않았습니다. 그런데 그 아버지에게 돈이 생겼습니다. 형제처럼 여기는 친구가 선물로 준 것입니다. 아버지는 기뻤고, 딸도 좋아했습니다. 그런데 그 다음 주일이었습니다. 딸이 그 돈을 모두 교회에 헌금으로 내놓았습니다. 아버지는 깜짝 놀랐습니다. "아니, 너 녹음기 살 돈을 다 헌금했더구나." "예, 아버지. 녹음기를 꼭 가지고 싶었어요. 하지만 예배당을 짓는 일을 이제 시작하는데, 그 일이 더 급한 일로 여겨져서요." 그 후부터 아버지의 주머니는 막내 딸에게만은 항상 열려 있었습니다. 주 안에서 우선순위를 아는 사람에게는 하나님의 주머니도 열려 있습니다.

적용 질문

1. 여러분이 헌금하는데 있어서 가장 걸림돌이 되는 것은 무엇입니까?

2. 여러분의 헌금 태도에 부족한 부분이 있습니까? 그것은 무엇입니까?

◇ 메 시 지 ◇

여러분은 어떤 마음을 가지고 헌금합니까? 억지로, 인색함으로, 남의 눈을 의식하면서 헌금을 하고 있지는 않습니까? 그렇다면 이제 헌금의 바른 이유와 목적을 깨닫고 바른 헌금의 태도로 돌아서십시오.

무엇보다 믿음의 고백으로 헌금을 하십시오. 믿음이 없는 헌금은 하나님에 대한 불손한 적선과 다름없습니다. 감사하는 마음으로 헌금을 하십시오. 감사가 없는 헌금은 죽은 재물을 드리는 것과 같습니다. 정성으로 준비한 헌금을 하십시오. 정성이 없는 헌금은 억지로 행하는 의무일 뿐입니다. 최선을 다해 헌금을 하십시오. 열심이 없는 헌금은 과시나 체면치레를 위한 위선인 것입니다.

헌금의 기쁨을 회복하십시오. 그러면 여러분은 성도의 자랑스런 권리와 축복을 회복할 수 있습니다. 헌금을 드릴 수 있다면, 이미 그것 자체가 커다란 축복이 아니겠습니까?

바른 헌금은 하나님과의 바른 관계를 회복게 하는 지름길입니다. 자발적인 헌금은 교회의 책임 있는 청지기가 되었다는 증표입니다. 사랑으로 드리는 헌금은 여러분으로 하여금 이웃을 위한 선한 조력자로 우뚝 서게 합니다. 축복은 헌금의 대가가 아니라 자연스러운 결과라는 사실을 늘 기억하십시오. 기쁨으로 드린 헌금, 이제 하나님께서는 여러분을 기쁨과 보람으로 채우실 것입니다.

9과 십일조

· 찬송: 49(구 72)장 · 본문: 말 3:7–12 · 요절: 말 3:10

말라기 3:7–12

7만군의 여호와가 이르노라 너희 조상들의 날로부터 너희가 나의 규례를 떠
나 지키지 아니하였도다 그런즉 내게로 돌아오라 그리하면 나도 너희에게
로 돌아가리라 하였더니 너희가 이르기를 우리가 어떻게 하여야 돌아가리
이까 하는도다 8사람이 어찌 하나님의 것을 도둑질하겠느냐 그러나 너희는
나의 것을 도둑질하고도 말하기를 우리가 어떻게 주의 것을 도둑질하였나
이까 하는도다 이는 곧 십일조와 봉헌물이라 9너희 곧 온 나라가 나의 것을
도둑질하였으므로 너희가 저주를 받았느니라 10만군의 여호와가 이르노라
너희의 온전한 십일조를 창고에 들여 나의 집에 양식이 있게 하고 그것으로
나를 시험하여 내가 하늘 문을 열고 너희에게 복을 쌓을 곳이 없도록 붓지
아니하나 보라 11만군의 여호와가 이르노라 내가 너희를 위하여 메뚜기를
금하여 너희 토지 소산을 먹어 없애지 못하게 하며 너희 밭의 포도나무 열
매가 기한 전에 떨어지지 않게 하리니 12너희 땅이 아름다워지므로 모든 이
방인들이 너희를 복되다 하리라 만군의 여호와의 말이니라

도입을 위한 글

누군가가 공산당은 날로 소멸해 가는데도 불구하고, 그 대척점에 있는 기독교는 날로 융성하는 이유를 이렇게 설명했습니다. "공산당원들은 1년에 단 한 번인 전당대회에도 간신히 참석합니다. 그러나 모든 기독교인들은 매주 주일이면 자발적으로 예배당으로 모여듭니다. 이는 조직력과 그 충성심에 있어서 공산당이 기독교에 필적하지 못하는 이유입니다. 또한 공산당원들은 얼마 되지도 않는 당비를 내는 일에 몹시 인색합니다. 그러나 기독교인들은 수입의 십분의 일을 내면서도 전혀 아까워하지 않습니다. 이는 조직은 물론이요, 재정적인 면에서도 공산당이 기독교인들을 이길 수 없는 이유입니다." 이처럼 십일조는 기독교의 가장 큰 특색 가운데 하나입니다. 그러나 이러한 십일조는 때로 구시대의 유물로, 타협의 대상으로 전락해 버리고 말았습니다. 이번 과를 통해 십일조의 참된 의미를 되새겨 보십시오.

도입 질문

1. 여러분은 온전한 십일조를 드리고 있습니까?

2. 여러분이 십일조를 드리고 있다면 드리는 이유를, 드리고 있지 못하다면 그 이유를 말해보십시오.

본문 질문

1. 사람들이 하나님에게서 도적질한 것은 무엇입니까?(8절)

2. 십일조는 어떻게 드려야 합니까?(10절)

3. 십일조를 드린 이들에게 주어지는 복은 무엇입니까?(10-12절)

배우기

1. 성경은 십일조를 자신의 것이 아니라 하나님의 것이라고 가르치고 있습니다. 그래서 하나님은 십일조와 헌물을 드리지 않는 백성들을 꾸짖으셨습니다. 즉 십일조는 하나님의 백성들이 지켜야 할 마땅한 법도이며, 이것을 지키지 않는 것은 곧 하나님과의 관계를 깨뜨리는 행위입니다.

   우리는 십일조의 기원을 아브람이 전리품의 십일조를 멜기세덱, 곧 하나님의 제사장에게 드렸던 것에서 찾을 수 있습니다.

[17]아브람이 그돌라오멜과 그와 함께 한 왕들을 쳐부수고 돌아올 때에 소돔 왕
이 사웨 골짜기 곧 왕의 골짜기로 나와 그를 영접하였고 [18]살렘 왕 멜기세덱이
떡과 포도주를 가지고 나왔으니 그는 지극히 높으신 하나님의 제사장이었더
라 [19]그가 아브람에게 축복하여 이르되 천지의 주재이시요 지극히 높으신 하
나님이여 아브람에게 복을 주옵소서 [20]너희 대적을 네 손에 붙이신 지극히 높
으신 하나님을 찬송할지로다 하매 아브람이 그 얻은 것에서 십분의 일을 멜기
세덱에게 주었더라_창 14:17-20

2. 하나님께서는 십일조를 드리되 온전하게 드리라고 말씀하셨습니다. 이는 하나님께서 그 백성들을 위해 친히 제정하신 규례입니다.

[22]너는 마땅히 매 년 토지 소산의 십일조를 드릴 것이며 [23]네 하나님 여호와
앞 곧 여호와께서 그의 이름을 두시려고 택하신 곳에서 네 곡식과 포도주와 기
름의 십일조를 먹으며 또 네 소와 양의 처음 난 것을 먹고 네 하나님 여호와
경외하기를 항상 배울 것이니라 [24]그러나 네 하나님 여호와께서 자기의 이름
을 두시려고 택하신 곳이 네게서 너무 멀고 행로가 어려워서 네 하나님 여호와
께서 그 풍부히 주신 것을 가지고 갈 수 없거든 [25]그것을 돈으로 바꾸어 그 돈
을 싸 가지고 네 하나님 여호와께서 택하신 곳으로 가서 [26]네 마음에 원하는
모든 것을 그 돈으로 사되 소나 양이나 포도주나 독주 등 네 마음에 원하는 모
든 것을 구하고 거기 네 하나님 여호와 앞에서 너와 네 권속이 함께 먹고 즐거
워할 것이며 [27]네 성읍에 거주하는 레위인은 너희 중에 분깃이나 기업이 없는
자이니 또한 저버리지 말지니라 [28]매 삼 년 끝에 그 해 소산의 십분의 일을 다
내어 네 성읍에 저축하여 [29]너희 중에 분깃이나 기업이 없는 레위인과 네 성중
에 거류하는 객과 및 고아와 과부들이 와서 먹고 배부르게 하라 그리하면 네
하나님 여호와께서 네 손으로 하는 범사에 네게 복을 주시리라_신 14:22-29

그래서 십일조는 우리가 하나님의 청지기이며, 또한 우리의 모든 소유가 하나님의 것임을 증명하는 증표이기도 합니다.

3. 십일조는 마땅한 의무인 동시에 축복의 전제 조건이기도 합니다. 십일조에 관한 구절이 항상 축복과 관련된다는 점을 볼 때 이를 알 수 있습니다. 또한 말라기 3장의 본문에는 성경 전체를 통해서 유일하게 하나님을 시험해보라는 표현이 나오고 있습니다. 이는 십일조의 중요성과 동시에 십일조가 축복의 전제라는 사실을 증명하는 것입니다.

적용 질문

1. 여러분의 십일조 생활에 있어서 가장 큰 걸림돌은 무엇입니까?

2. 온전한 십일조의 의미는 무엇입니까?

생각하는 이야기

록펠러 어머니의 유언 10가지

세계의 역대 최대 부자는 록펠러였다고 합니다. 산술상으로는 빌 게이츠의 재산이 1000억 달러 이상으로 록펠러가 가진 재산의 배 정도입니다. 그러나 록펠러 당시의 경제 규모 등을 생각하면 그의 재산이 빌 게이츠의 재산보다 13배나 더 많다고 합니다. 록펠러는 어떻게 그렇게 큰 부자가 될 수 있었습니까? 그의 삶의 목표는 영적인 것이었고, 하나님을 위한 것이었습니다. 그는 늘 10가지 삶의 지침을 가지고 살았습니다. 그것은 그의 어머니의 유언이었습니다. 록펠러는 어머니를 기념하여 그 유명한 리버사이드 교회를 세웠습니다. 록펠러의 어머니가 남긴 10가지 유언은 다음과 같습니다.

1. 하나님을 친아버지로 섬겨라.
2. 목사님을 하나님 다음으로 섬겨라.
3. 주일예배는 본교회에서 드려라.
4. 오른쪽 호주머니는 항상 십일조 주머니로 하라.
5. 아무도 원수를 만들지 말라.
6. 아침에 목표를 세우고 기도하라.
7. 잠자리에 들기 전, 하루를 반성하고 기도하라.
8. 아침에는 꼭 하나님 말씀을 읽어라.
9. 남을 도울 수 있으면 힘껏 도와라.
10. 예배 시간에는 항상 앞자리에 앉아라.

◇ 메 시 지 ◇

성경이 가르치고 성경의 위인들이 증언하며, 또한 동시대의 신앙인들이 간증하는 것은 바로 바른 십일조와 하나님의 축복입니다. 아브라함으로부터 시작된 십일조는 하나님께서 이스라엘 백성들에게 친히 제정해 주신 규례였습니다. 그래서 십일조는 선택 사항이 아닌 성도의 의무입니다. 하나님께서는 스스로를 시험해보라고 말씀하실 정도로 십일조와 그에 따른 축복을 확증하셨습니다. 그러므로 십일조는 바른 신앙의 출발점인 것입니다.

또한 십일조는 성도들이 물질로써 하나님과 관계할 때 시금석이 됩니다. 십일조의 주인은 내가 아닌 하나님이십니다. 그래서 십일조를 내지 않는 것은, 곧 하나님의 것을 도적질하는 것이라고 했습니다. 도적질을 하면서 바른 관계를 맺을 수 없듯이, 십일조 없이는 하나님과의 바른 관계도 없습니다.

내가 가진 것들을 내 것으로 여길 때 하나님과의 관계는 깨지고 맙니다. 우리는 물질의 주인이 아닌 단지 청지기일 뿐이기 때문입니다. 물질의 주인이 내가 아닌 하나님이심을 고백하는 마음으로 십일조를 하십시오. 주인이 아닌 청지기임을 고백하는 신앙으로 십일조를 하십시오. 기꺼이 바치는 마음, 감사의 고백, 신앙의 생활로 십일조를 하나님께 할 때, 여러분은 비로소 하나님의 백성이 될 수 있습니다. 올바르고 온전한 십일조 생활로 넘치는 축복을 경험하는 하나님의 자녀가 되기를 바랍니다.

10과 예배와 절기 헌금

· 찬송: 588(구 307)장 · 본문: 신 16:13–17; 출 23:16 · 요절: 신 16:17

신명기 16:13–17

13너희 타작 마당과 포도주 틀의 소출을 거두어 들인 후에 이레 동안 초막절
을 지킬 것이요 14절기를 지킬 때에는 너와 네 자녀와 노비와 네 성중에 거
주하는 레위인과 객과 고아와 과부가 함께 즐거워하되 15네 하나님 여호와
께서 택하신 곳에서 너는 이레 동안 네 하나님 여호와 앞에서 절기를 지키
고 네 하나님 여호와께서 네 모든 소출과 네 손으로 행한 모든 일에 복 주실
것이니 너는 온전히 즐거워할지니라 16너의 가운데 모든 남자는 일 년에 세
번 곧 무교절과 칠칠절과 초막절에 네 하나님 여호와께서 택하신 곳에서 여
호와를 뵈옵되 빈손으로 여호와를 뵈옵지 말고 17각 사람이 네 하나님 여호
와께서 주신 복을 따라 그 힘대로 드릴지니라

출애굽기 23:16

맥추절을 지키라 이는 네가 수고하여 밭에 뿌린 것의 첫 열매를 거둠이니라 수장절을 지키라 이는 네가 수고하여 이룬 것을 연말에 밭에서부터 거두어 저장함이니라

도입을 위한 글

세월이 흐르면 감격스러웠던 일도 시들해지고, 기쁨으로 들떴던 축제도 무덤덤하게 진행되는 행사로 전락해버리기 일쑤입니다. 옛 이스라엘 백성들에게 있어서 맥추절과 초막절은 하나님의 보호와 인도, 베푸신 은총에 감격하며 감사를 드리는 축제였습니다. 그들의 의식주 생활의 모든 것이 곧 하나님의 은혜였습니다. 매일의 삶을 살아가는 일이 그들에게는 곧 하나님의 은혜를 체험하는 일이었습니다. 그토록 감사와 감격 속에서 지켜지던 축제가 이제는 의례적으로 치러지는 행사가 되고 말았습니다. 이번 과를 통해서 우리가 지키고 있는 모든 절기에 담긴 깊은 의미와 감사의 이유를 되새겨 보기를 바랍니다.

도입 질문

1. 여러분은 힘써 절기를 지키며, 절기의 의미에 합당한 헌금을 드리고 있습니까?

2. 맥추절과 추수감사절은 현대를 살아가는 여러분에게 어떤 의미가 있습니까?

본문 질문

1. 지금 여러분이 다니고 있는 교회에서 드려지는 헌금의 종류를 말해보십시오. 그 중에서 여러분이 드리고 있는 헌금은 무엇이며, 또 가장 중요하게 생각하는 헌금은 무엇입니까?

2. 맥추절은 어떤 절기입니까?(신 16:13-17) 맥추절은 여러분에게 어떤 의미가 있습니까?

3. 추수감사절은 어떤 절기입니까?(출 23:16) 추수감사절은 여러분에게 어떤 의미가 있습니까?

4. 성탄절은 어떤 절기입니까?

집에 들어가 아기와 그의 어머니 마리아가 함께 있는 것을 보고 엎드려 아기께 경배하고 보배합을 열어 황금과 유향과 몰약을 예물로 드리니라_마 2:11

5. 부활절은 어떤 절기입니까?

[5]천사가 여자들에게 말하여 이르되 너희는 무서워하지 말라 십자가에 못 박히신 예수를 너희가 찾는 줄을 내가 아노라 [6]그가 여기 계시지 않고 그가 말씀하시던 대로 살아나셨느니라 와서 그가 누우셨던 곳을 보라_마 28:5-6

배우기

1. 대부분의 교회에서 헌금은 매우 다양하게 드려지고 있습니다. 예를 들면, 십일조, 주일헌금, 감사헌금 등 보통의 예배 시간에 드려지는 헌금을 먼저 꼽을 수 있습니다. 다음으로는 맥추감사, 추수감사, 성탄감사, 부활감사 등 율법으로 제정된 절기와 후에 기독교 교회의 역사를 지나면서 생겨난 중요한 절기를 맞이하여서 하는 절기헌금이 있습니다. 이 외에 선교헌금, 건축헌금, 장학헌금, 구제헌금 등의 특별한 목적을 가지고 드리는 헌금도 있습니다.

어느 헌금이 더 중요하다는 우열을 가릴 수는 없지만 십일조는 반드시 드려야 할 헌금이며, 물론 다른 헌금들도 자발적이고 기쁜 마음으로 드려야 합니다. 헌금은 하나님의 영광을 위해 드려지는 것이며, 하나님의 몸된 교회를 든든하게 세워가는 일에 쓰여지는 거룩한 예물입니다. 또한 헌금은 하나님의 뜻을 이루기 위해 교회가 세상을 향해 선교하고 구제하는 일, 곧 하나님의 나라를 확장하는 일에 쓰여집니다. 그러므로 그리스도인들은 하나님의 사역에 동참하는 거룩한 책임감으로 헌금을 드리고 사용해야 합니다.

2. 맥추절은 칠칠절로 불리기도 하며, 양력으로 7월에 지켜지는 절기입니다. 맥추절에는 수확할 수 있도록 도와주신 하나님께 감사하며, 밀의 첫 열매를 봉헌했습니다. 또한 초대교회의 오순절 강림 사건 이후로는 단순한 추수제의 의미만이 아니라 성령강림절의 의미가 덧붙여져 지켜지고 있습니다.

맥추절과 추수감사절은 단순히 옛 이스라엘 백성들이 지키던 농경 축제 절기를 반복하는 것 이상의 의미를 갖습니다. 밀의 첫 수확부터 시작해서 한 해의 모든 농사를 마무리하기까지의 모든 과정, 곧 삶의 모든 부분들이 하나님의 보호 아래에서 이루어진다는 신앙의 고백이 곧 매 절기의 감사 축제로 나타났기 때문입니다. 또한 이 절기들은 역사를 이어가면서 하나님의 구원 행동을 기념하는 의미까지도 추가되었습니다.

칠칠절 곧 맥추의 초실절을 지키고 세말에는 수장절을 지키라_출 34:22

3. 추수감사절은 초막절로 불리워지던 절기로서, 양력으로 11월에 지켜지는 절기입니다. 이 절기는 토지의 수확을 마친 후에 행해졌으며, 출애굽 후 광야를 지나는 동안 인도하시고 보호해주신 하나님의 은혜를 기억하며 감사하는 절기였습니다. 그래서 7일 동안 초막을 짓고, 광야의 장막 생활을 기념하기도 했습니다.

42너희는 이레 동안 초막에 거주하되 이스라엘에서 난 자는 다 초막에 거주할지니 43이는 내가 이스라엘 자손을 애굽 땅에서 인도하여 내던 때에 초막에 거주하게 한 줄을 너희 대대로 알게 함이니라 나는 너희의 하나님 여호와이니라_레 23:42-43

4. 성탄절은 예수님의 탄생을, 부활절은 예수님의 부활을 기념하는 절기입니다. 성탄절과 부활절은 성경에서 율법으로 정해진 절기는 아닙니다. 그러나 구속사에서 성탄과 부활은 매우 중요한 의미를 갖기 때문에 교회에서는 이 두 절기를 지키고 있습니다. 따라서 이 두 절기에 드려야 할 예물에 대한 구체적인 조항은 없습니다. 다만 이 두 절기에는 구원의 은혜를 감사하는 그리스도인들이 그들이 구원받은 것에 감사하며 자발적인 예물을 드리고 있습니다.

적용 질문

1. 여러분은 교회에서 지키는 모든 절기에 감사하는 마음으로, 자발적인 마음으로 참여하고 있습니까?

2. 교회에서 절기의 의미를 좀 더 새롭고 감격스럽게 맞을 수 있는 방법을 서로 나눠보십시오.

생각하는 이야기

감사가 넘치는 가정

1620년 12월 26일, 영국을 출발한 146명의 청교도들이 미국 플리머스 해변에 도착했다. 청교도들은 메이플라워 호에 몸을 실은 채, 신앙의 자유를 찾아 117일 동안 항해했다. 여행 중 두 사람이 죽었고, 한 아이가 태어났다. 청교도들은 이듬해 자신들을 괴롭힌 인디언들을 초청해 감사예배를 드렸다. 이것이 바로 첫 추수감사절이다.

남미는 북미보다 좋은 자연 환경을 갖고 있다. 그러나 북미는 세계 최강이지만, 남미는 여전히 질병과 기아에 허덕이고 있다. 역사학자들은 그 원인을 다음과 같이 설명한다. "북미는 청교도들이 신앙의 자유를 찾아 개척한 '감사의 땅'이다. 그러나 남미는 일확천금을 노린 사람들이 개척한 '탐욕의 땅'이다. 북미와 남미가 현격한 생활 수준의 차이를 보이는 것은 지극히 당연한 것이다."

가정도 마찬가지다. 감사가 넘치는 가정은 후손들이 복을 받는다. 반면, 자신의 유익만 추구하는 이기적인 가정의 후손들은 평생 탐욕의 늪에서 헤어나지 못한다.

◇ 메 시 지 ◇

하나님은 당신이 사랑하는 백성들에게 늘 넘치는 은혜와 복을 주시는 분입니다. 이스라엘 백성들이 광야를 지날 때, 하나님은 그들의 모든 필요를 넉넉히 채우셨습니다. 백성들은 그런 하나님의 은혜에 감사하는 마음으로 맥추절과 추수감사절의 축제를 지켰습니다.

또한 하나님은 예수 그리스도의 탄생과 부활을 통해 구속사를 완성시키시면서 인류에 대한 사랑과 은혜를 보여주셨습니다. 교회는 이러한 하나님의 은혜를 기억하며, 성탄절과 부활절을 지켰습니다.

우리가 교회에서 드리는 모든 예배와 지키고 있는 모든 절기는, 하나님의 은혜에 대한 감사의 축제입니다. 이러한 예배와 축제에 참여하는 이들은 감사하며 기뻐해야 마땅합니다. 그것이 예배와 절기의 주인이신 하나님의 마음을 기쁘시게 하는 길입니다.

하나님께서 여러분의 삶을 인도하신다고 믿는다면, 기쁘게 맥추절을 지키십시오. 하나님은 여러분의 삶을 더욱 가까이에서 지키실 것입니다. 하나님께서 여러분에게 베푸신 은혜를 믿는다면, 힘써 추수감사절을 지키십시오. 하나님은 여러분의 모든 필요를 기꺼이 채워주실 것입니다.

여러분을 위해 이 땅에 오신 예수님께 감사의 경배를 드리고 싶다면, 넘치는 축하의 마음으로 성탄절을 지키십시오. 하나님께서는 여러분의 죄를 사하셔서 여러분을 의인의 반열에 들게 하실 것입니다.

여러분을 위해 죽으셨다가 사흘 만에 부활하신 예수님께 승리의 찬양을 돌리고 싶다면, 감격으로 부활절을 지키십시오. 하나님께서는 여러분에게 영원히 죽지 않는 생명을 선물하실 것입니다.

날마다 새로운 마음으로 예배와 절기를 지켜 나가십시오. 그러면 하나님께서 모든 귀한 은혜를 여러분에게 아끼지 않으실 것입니다.

11과 특별 헌금

· 찬송: 515(구 256)장 · 본문: 고후 8:1-5 · 요절: 고후 8:14

고린도후서 8:1-5

1형제들아 하나님께서 마게도냐 교회들에게 주신 은혜를 우리가 너희에게
알리노니 2환난의 많은 시련 가운데서 그들의 넘치는 기쁨과 극심한 가난이
그들의 풍성한 연보를 넘치도록 하게 하였느니라 3내가 증언하노니 그들이
힘대로 할 뿐 아니라 힘에 지나도록 자원하여 4이 은혜와 성도 섬기는 일에
참여함에 대하여 우리에게 간절히 구하니 5우리가 바라던 것뿐 아니라 그들
이 먼저 자신을 주께 드리고 또 하나님의 뜻을 따라 우리에게 주었도다

이제 너희의 넉넉한 것으로 그들의 부족한 것을 보충함은 후에 그들의 넉넉한 것으로 너희의 부족한 것을 보충하여 균등하게 하려 함이라 _고후 8:14

도입을 위한 글

특별한 목적을 가지고 드리게 되는 특별 헌금은 자칫 교회에서 벌이는 모금 운동으로 변질되거나 오해를 받기 쉽습니다. 그러나 현대 사회가 다양하게 분화되어감에 따라 교회의 선교 대상도 세분화되고 있으며, 이에 따른 선교 전략도 다양해지고 있습니다. 선교 외에도 하나님의 이름으로 교회가 해야 할 일이 많아지면서, 특별한 목적을 가진 헌금의 필요성은 점점 커지고 있습니다. 특별 헌금은 그 대상과 사용처가 미리 정해져 있기 때문에 드리는 사람은 하나님의 사업에 좀 더 분명한 목적을 가지고 동참할 수 있습니다. 이번 과를 통해 여러 가지 목적을 가진 특별 헌금의 중요성을 찾아보기를 바랍니다.

도입 질문

1. 여러분은 어떤 목적을 가지고 특별하게 드리는 헌금이 있습니까?

2. 여러분에게 여유가 없었을 때 헌금을 한 경험이 있습니까? 만약 있었다면, 그 이유는 무엇이었습니까?

본문 질문

1. 마게도냐 교회의 상황은 어떠했습니까? 또한 마게도냐 교인들의 연보할 때의 태도는 어떠했습니까?(2-3절)

2. 다음의 말씀들을 읽고, 헌금의 목적이 무엇인지 말해보십시오.

1) 9제사장 여호야다가 한 궤를 가져다가 그것의 뚜껑에 구멍을 뚫어 여호와의
전문 어귀 오른쪽 곧 제단 옆에 두매 여호와의 성전에 가져 오는 모든 은을
다 문을 지키는 제사장들이 그 궤에 넣더라 10이에 그 궤 가운데 은이 많은
것을 보면 왕의 서기와 대제사장이 올라와서 여호와의 성전에 있는 대로 그

은을 계산하여 봉하고 [11]그 달아본 은을 일하는 자 곧 여호와의 성전을 맡은
자의 손에 넘기면 그들은 또 여호와의 성전을 수리하는 목수와 건축하는 자
들에게 주고 또 미장이와 석수에게 주고 [12]또 여호와의 성전 파손한 데를 수
리할 재목과 다듬은 돌을 사게 하며 그 성전을 수리할 모든 물건을 위하여
쓰게 하였으되 [13]여호와의 성전에 드린 그 은으로 그 성전의 은 대접이나 불
집게나 주발이나 나팔이나 아무 금 그릇이나 은 그릇도 만들지 아니하고 [14]
그 은을 일하는 자에게 주어 그것으로 여호와의 성전을 수리하게 하였으며
[15]또 그 은을 받아 일꾼에게 주는 사람들과 회계하지 아니하였으니 이는 그
들이 성실히 일을 하였음이라_왕하 12:9-15

2) [28]매 삼 년 끝에 그 해 소산의 십분의 일을 다 내어 네 성읍에 저축하여 [29]
너희 중에 분깃이나 기업이 없는 레위인과 네 성중에 거류하는 객과 및 고
아와 과부들이 와서 먹고 배부르게 하라 그리하면 네 하나님 여호와께서
네 손으로 하는 범사에 네게 복을 주시리라_신 14:28-29

3. 이외에 교회가 관심을 갖고 돈을 써야 할 부분이 있다면, 함께 나눠보십시오.

배우기

1. 마게도냐 교회는 많은 환난과 심한 경제적인 어려움에 처해 있었습니다. 그러나 그들은 자신들의 형편을 핑계 삼지 않고 연보에 최선을 다했습니다. 사실 대부분의 경우 물질적인 풍요가 곧 넉넉한 베풂으로 이어지지 않는 것이 현실입니다. 오히려 재물이 많을수록 인색한 경우가 허다하기 때문입니다. 그러나 마게도냐 교인들은 넘치는 기쁨으로, 힘에 지나도록 자원하여 연보했습니다.

   선교 헌금은 복음 전파를 위한 거룩한 재물이 됩니다. 내가 직접 선교하지 못한다면, 선교사들과 교회에서 행하는 선교를 돕는 일에 헌신해야 합니다. 자신의 선교 헌금이 쓰여질 대상과 사역자를 위해 구체적으로 기도하며 헌금한다면, 여러분의 헌금은 더욱 값지게 사용될 것입니다.

2. 특별 헌금은 다양한 목적을 위해 쓰여집니다.

   1) 열왕기하 12장의 말씀은 퇴락한 여호와의 전을 수리하는 일에 백성들이 헌금으로 동참했다는 내용을 전하고 있습니다. 백성들이 헌금한 재물은 그 목적에 맞게 온전히 쓰여졌습니다. 하나님의 전을 건축하고 수리하는 일은 예배와 예배를 드리는 공동체를 위해 매우 중요한 일입니다.

   2) 신명기 14장의 말씀은 구제를 위한 헌금에 대한 말씀입니다. 본문은 구제해야 될 대상을 구체적으로 제시하고 있는데, 그들은 레위인과 성 중에 거하는 객과 고아와 과부들이었습니다. 하나님께서

는 소외되기 쉬운 이들을 구제하는 일에 대해 매우 구체적으로 말씀하셨으며, 이에 대한 축복까지 약속하셨습니다.

3. 교회와 그리스도인들이 관심을 가져야 할 부분은 매우 넓고 다양합니다. 아래에 나열된 대상들 외에 교회가 관심을 갖고 물질적인 지원을 해야 할 부분이 있다면, 함께 나눠보십시오.

   국내 미자립 교회, 해외 선교, 학원, 군, 병원, 교도소, 북한 선교, 고아원, 결식 아동, 미혼모, 노숙자, 장학, 탈북자, 재해민, 독거 노인, 지역 사회 봉사, 장애인, 해외 기아자 등 도움이 필요한 곳은 얼마든지 있습니다. 이들은 여러분과 하나님의 교회가 마땅히 도와야 할 귀한 우리의 이웃입니다.

적용 질문

1. 여러분이 한 헌금으로 보람을 느꼈던 경험을 함께 나눠보십시오.

2. 여러분에게 특별한 목적으로 헌금을 드릴 대상이 생겼다면, 그 대상과 이유를 함께 나눠보십시오.

생각하는 이야기

나를 받아 주소서

그레이스 데니와 짐 모어헤드는 나이지리아에 선교사로 갔다. 그레이스는 식사를 하지 않고 물과 크래커만 며칠 동안 먹고 있었다. 이유를 물으니 헌금을 하려고 하는데 돈이 나올 데가 없어서 먹을 것을 줄여 헌금하려 한다는 것이었다.

아이 여섯을 키우면서 근근이 살아가는 과부 한 분이 주일마다 정기적으로 헌금을 했다. 그 교회의 한 부자가 그 사실을 알고 목사님께 부탁하여 과부가 내는 돈 액수를 전부 자신이 낼 테니, 다음 주일부터는 헌금을 내지 말고 그 돈을 살림에 보태도록 해달라고 말했다. 그러자 그 과부는 심히 노여워하며 이렇게 말했다. "어찌하여 나의 기쁨을 빼앗으려 하십니까? 매주일 주님께 바치는 이 즐거움이 없다면, 나는 죽는 것과 같습니다." 하나님은 먼저 우리를 받으시고 그 다음에 우리가 바치는 헌금을 받으신다.

1816년 스코틀랜드의 한 교회에서 선교 헌금을 위해 당시의 풍습에 따라 바구니를 사용했다. 헌금 위원들이 헌금을 거두어 강단 앞에 놓을 때, 열 살 난 소년이 그 헌금 바구니 안에 들어가 이렇게 기도했다고 한다. "오 하나님, 저는 헌금할 돈이 없습니다. 그래서 제 몸을 헌금으로 바칩니다. 받아 주십시오." 13년 후 소년은 23세의 청년 교사로 인도에 가서 교육 선교사가 되었다. 이 사람이 그 유명한 알렉산더 더프였다. 하나님께서 기뻐 받으시는 우리 자신과 우리의 헌금이 되자.

◇ 메 시 지 ◇

여러분은 여러분에게 주어진 재물이 무엇을 위한 것인지 알고 있습니까? 우라 곁에는 늘 가난한 자들, 도움이 필요한 사람들이 있습니다. 하나님은 모든 이들이 더불어 잘 살기를 원하고 계십니다. 여러분이 재물을 가지고 있다면 여러분은 기꺼이 주는 사람, 베푸는 사람이 되십시오. 여러분이 가난한 사람, 도움이 필요한 사람일 수도 있습니다. 그래도 받는 것보다 주는 것이 복된 일입니다.

특별히 목적을 가지고 드리는 헌금은 하나님께서 여러분과 더불어 가난한 이들, 도움이 필요한 이들을 함께 사랑하시는 방법입니다. 또한 하나님의 사업을 이루기 위해 여러분을 부르신 증거이기도 합니다. 그러므로 이제 여러분은 복의 저수지가 아니라 복의 통로가 되십시오. 마치 아브라함이 복의 근원이 되었던 것처럼 말입니다. 여러분이 가진 여유가 다른 이들에게는 필수가 될 수도 있습니다. 여러분이 가진 재물은 하나님께서 하나님의 뜻을 이루시기 위해 여러분에게 맡겨 놓으신 것입니다.

하나님은 여러분의 손해를 바라시는 분이 아닙니다. 아니 오히려 여러분을 들어 하나님의 도구로 쓰시기 원하십니다. 여러분이 각오한 희생과 헌신은 하나님께서 여러분에게 베푸시려는 복의 근거입니다. 하나님의 뜻을 이루기 위해 헌신하십시오. 하나님의 일을 이루기 위해 헌금하십시오. 헌신하고 헌금한다면, 여러분은 이미 하나님의 복된 도구입니다.

12과 떳떳한 가난, 깨끗한 부자

· 찬송: 435(구 492)장 · 본문: 약 5:1-5 · 요절: 신 15:4-5

야고보서 5:1-5

1들으라 부한 자들아 너희에게 임할 고생으로 말미암아 울고 통곡하라 2너
희 재물은 썩었고 너희 옷은 좀먹었으며 3너희 금과 은은 녹이 슬었으니 이
녹이 너희에게 증거가 되며 불 같이 너희 살을 먹으리라 너희가 말세에 재
물을 쌓았도다 4보라 너희 밭에서 추수한 품꾼에게 주지 아니한 삯이 소리
지르며 그 추수한 자의 우는 소리가 만군의 주의 귀에 들렸느니라 5너희가
땅에서 사치하고 방종하여 살륙의 날에 너희 마음을 살찌게 하였도다

네가 만일 네 하나님 여호와의 말씀만 듣고 내가 오늘 네게 내리는 그 명령을 다 지켜 행하면 네 하나님 여호와께서 네게 기업으로 주신 땅에서 네가 반드시 복을 받으리니 너희 중에 가난한 자가 없으리라_신 15:4-5

도입을 위한 글

"부자 되세요"라는 광고 카피가 있었습니다. 지금 시중에는 부자 되는 법에 관한 책과 담론이 쏟아져 나오고 있습니다. 그러나 부자가 되기를 원하고 또 권하면서도, 정작 부자들에 대해서는 곱지 않고 질시 어린 시선을 보내고 있는 것도 사실입니다. 이는 그동안 우리 사회에서 부의 축적이 정직한 방법으로 이루어지지 않은 예가 많았다는 사실을 반증해주고 있습니다. 정직한 부자, 깨끗한 부자가 될 수 있을까, 가난을 떳떳하게 여길 수 있을까, 이런 질문에 흔쾌히 "예"라고 대답할 수 있으려면 우리 모두는 한층 더 돈에 대한 바른 태도를 지녀야 합니다. 이번 과를 통해 가난과 부에 대한 인식을 새롭게 할 수 있기를 바랍니다.

도입 질문

1. 여러분이 가난하다면, 그 가난을 떳떳하게 여길 수 있습니까?

2. 여러분이 부자라면, 그 부를 자랑스럽게 여길 수 있습니까?

본문 질문

1. 성경에 나오는 가난했던 사람들의 이름을 적어보십시오(3명). 그들이 가난했던 이유는 무엇 때문이었습니까?

2. 성경에 나오는 사람들 중 부유했던 사람들의 이름을 적어보십시오(3명). 그들이 부유했던 이유는 무엇 때문이었습니까?

3. 본문은 부한 자들에 대한 책망입니다. 부자가 책망받고 있는 이유는 무엇입니까?

4. 하나님이 원하시는 부자의 모습은 어떤 것입니까?(신 15:5)

배우기

1. 예수님은 그의 생애 동안 한번도 돈을 모으거나 재산을 가져본 적이 없으십니다. 게다가 일정하게 머물만한 집도 없었습니다. 그러나 예수님은 사명을 이루는데 있어서 가난 때문에 구애받지 않으셨습니다. 바울도 마찬가지였습니다. 그는 스스로 장막 만드는 일로 생계 수단을 삼았고, 평생 가난했지만 온전히 사명을 이루었습니다. 이런 가난은 청빈, 이른바 깨끗한 가난입니다.

[2]아굴라라 하는 본도에서 난 유대인 한 사람을 만나니 글라우디오가 모든 유대인을 명하여 로마에서 떠나라 한 고로 그가 그 아내 브리스길라와 함께 이달리야로부터 새로 온지라 바울이 그들에게 가매 [3]생업이 같으므로 함께 살며 일을 하니 그 생업은 천막을 만드는 것이더라_행 18:2-3

그러나 가난이 모두 깨끗한 것은 아닙니다. 무능력이나 게으름으로, 혹은 헛된 욕심으로 인해서 가난을 겪는 경우도 있습니다. 또한 강요된 가난, 곧 사회적 혼란이나 부정직한 풍토로 인해 강요된 가난을 겪기도 합니다. 이런 가난은 극복되어야 할 가난입니다.

게으른 자는 가을에 밭 갈지 아니하나니 그러므로 거둘 때에는 구걸할지라도 얻지 못하리라_잠 20:4

2. 아브라함은 부자였습니다. 그가 부유했던 것은 하나님의 축복 때문이었습니다. 야곱도 부자였습니다. 외삼촌 라반의 집에 빈손으로 들어갔지만, 그의 열심과 하나님의 축복으로 인해 야곱은 큰 부자가 되었습니다. 이들의 부는 하나님께서 복 주신 결과였고, 이는 떳떳하고 자랑스러운 부입니다.

3. 모든 부자가 하나님 앞에서 떳떳하고 깨끗한 것은 아닙니다. 본문은 부자들에 대한 심한 책망입니다. 이 부자들은 부정한 방법으로 돈을 모았고, 이들은 많은 부를 쌓았지만 선한 일에 무관심했던 사람들입니다. 이 부자들은 하나님으로부터 책망을 받고, 이웃들에게서 원성을 사는 악한 부자들입니다.

4. 재물 때문에 하나님의 일을 그르친다면 그런 재물은 차라리 없는 것만 못합니다. 그래서 지혜로운 사람은 이렇게 기도합니다.

7내가 두 가지 일을 주께 구하였사오니 내가 죽기 전에 내게 거절하지 마시옵
소서 8곧 헛된 것과 거짓말을 내게서 멀리 하옵시며 나를 가난하게도 마옵시
고 부하게도 마옵시고 오직 필요한 양식으로 나를 먹이시옵소서 9혹 내가 배
불러서 하나님을 모른다 여호와가 누구냐 할까 하오며 혹 내가 가난하여 도둑
질하고 내 하나님의 이름을 욕되게 할까 두려워함이니이다_잠 30:7-9

하나님은 우리에게 복 주기를 원하십니다. 그러나 복의 전제 조건은 주님의 명령을 다 지켜 행하는 것입니다. 하나님은 재물을 주시되 그 재물이 하나님과 이웃들을 위해, 또 그 자신을 위해 선하고 유익하게 사용되기를 원하십니다. 그러므로 마땅히 여러분은 하나님의 뜻 안에서 여러분에게 주어진 재물을 선용해야 합니다.

17네가 이 세대에서 부한 자들을 명하여 마음을 높이지 말고 정함이 없는 재물
에 소망을 두지 말고 오직 우리에게 모든 것을 후히 주사 누리게 하시는 하나
님께 두며 18선을 행하고 선한 사업을 많이 하고 나누어 주기를 좋아하며 너그
러운 자가 되게 하라 19이것이 장래에 자기를 위하여 좋은 터를 쌓아 참된 생
명을 취하는 것이니라_딤전 6:17-19

적용 질문

1. 여러분은 부자가 되고 싶습니까? 여러분이 부자가 되려는 이유는 무엇입니까?

2. 여러분의 재물을 가지고 해야 할 일들을 적고, 우선순위를 매겨보십시오. 그 순위는 하나님의 마음에 합한 것입니까?

생각하는 이야기

- 탐욕과 행복은 결코 서로 만나지 않는다. 그러니 이 둘이 어떻게 친구가 될 수 있겠는가!
- 누가 부자인가? 자신이 가진 것으로 기뻐하는 사람이다.
- 만족은 가난한 자를 부자로 만든다. 불만은 부자를 가난하게 만든다.
- 사람이 재물을 다스리지 못하면, 재물이 사람을 다스린다.
- 재물을 사기 위해 덕을 팔지 말고, 권력을 사기 위해 자유를 팔지 말라.
- 만족하는 자는 충분히 가진 것이다. 불평하는 자는 너무 많이 가진 것이다.
- 재물을 늘리는 자는 근심을 늘리는 것이다.
- 한번에 두 마리 토끼를 잡으려는 사람은 하나도 잡지 못한다.
- 여러분의 부가 여러분의 것이라면, 왜 그것을 다음 세상에 가지고 가지 않는가?

◇ 메 시 지 ◇

지금 여러분은 가난하십니까, 아니면 부유하십니까? 혹시 가난하다면, 가난의 이유를 살펴보십시오. 그 가난이 여러분에게서 비롯되었다면, 그 문제를 살펴 가난을 극복하는 일에 최선을 다하십시오. 하나님은 여러분의 가난을 원하지 않습니다. 오히려 여러분에게 복을 주셔서 풍족하게 살기를 원하고 계십니다. 여러분이 정직하고 성실하다면, 하나님은 여러분을 일으켜 세우실 것입니다.

만약 여러분이 부자라면, 여러분에게 재물을 주신 하나님의 뜻을 살피십시오. 하나님께서 원하시는 재물은 창고에 쌓여지는 재물이 아니라 가난한 자들과 필요한 일들에 쓰여지는 재물입니다. 하나님은 자비로우셔서 언제나 가난한 자들을 살피시고, 그들의 부르짖음에 귀를 기울이고 계십니다. 그러므로 여러분 주변에 가난한 이들이 있다면, 기꺼이 그들을 위해 여러분의 재물을 사용하십시오. 그것이 하나님의 마음으로 재물을 사용하는 방법입니다.

하나님께서는 부정직하고 사악한 욕심으로 모아진 재물, 떳떳하지 못한 재물, 가난한 자들에게서 빼앗은 재물로 부자가 된 자들을 책망하십니다. 이런 부자들은 하나님의 진노를 피하지 못할 것입니다. 또한 하나님은 게으르고 나태한 사람들을 꾸짖으십니다. 스스로의 잘못으로 초래한 가난이라면, 어서 일어서서 부지런히 일하십시오. 그것이 하나님의 진노를 피하는 길입니다.

이제 여러분은 무엇보다 하나님 앞에서 정직하고 바른 청지기가 되십시오. 가난과 부가 여러분의 가는 길에 걸림돌이 되지 않게 하십시오. 만물의 주인이신 하나님의 편에 서기만 한다면, 여러분의 삶에 재물의 많고 적음은 문제가 되지 않을 것입니다. 하나님이 주신 귀한 재물로 하나님께 영광을 돌리는 삶을 살아가기 바랍니다.

프리셉트 추천 도서

하늘의 음성 30일 묵상편

본서는 산상수훈이 오늘날 한국 교회와 그리스도인들에게 어떤 도전을 하는지 살펴봄으로써, 성도들이 자신의 신앙을 점검하고 예수님의 가르침대로 살 수 있는 길을 제시할 것이다.

■ 김경섭 지음 | 값 16,000원

스토리텔링 다윗 설교

본서는 다윗의 무엇이 하나님 마음에 합한 모습이었는지 알아보는 데서 출발하여 스토리텔링 설교 형식으로 다윗의 생애를 따라가며 진정한 그리스도인의 삶의 본보기를 제시하는 데 그 목적이 있다.

■ 김연수 지음 | 값 11,000원

믿음의 영웅들 40일 묵상편

본서는 하나님의 약속을 믿고 살아간 믿음의 영웅들의 발자취를 따라가며, 다양한 사례를 통해 하나님의 자녀가 어떤 믿음의 신조로 살아가야 하는지 방향성을 제시하고 있다.

■ 김경섭 지음 | 값 16,000원

열정적 설교

본서는 목회자들이 설교에 열정을 회복하도록 권면한다. 또한 설교에 담겨야 할 핵심적인 요소를 짜임새 있게 제시하여, 열정적이며 유능한 설교자로 성장하도록 이끌어 줄 것이다.

■ 알렉스 몬토야 지음 | 값 10,000원

프리셉트 추천 도서

설교, 그 영광의 사역

본서는 복음의 본질에 기초하여 성경적 설교의 이론과 실제를 체계적으로 소개하고 있다. 이로써 설교자들이 성경적 설교를 통해 영광스러운 하나님의 사역을 충실히 감당할 수 있도록 도울 것이다.

■ 한진환 지음 | 값 16,000원

좋은 교회에서 위대한 교회로

'좋은 교회'를 넘어 '위대한 교회'로 도약하는 것은 하나님의 뜻이며 비전이다. 본서는 목회자의 리더십 변화를 통해 급성장한 교회들을 제시하고, 목회자들이 침체와 안일함에서 벗어나 도전하도록 격려한다.

■ 톰 레이너 지음 | 값 15,000원

사명을 수행하는 교회

하나님께서는 빠른 변화에 직면한 소형 교회가 멋지게 전환하여 이 시대에 필요한 사역을 감당하기 바라신다. 본서는 소형 교회가 위기를 기회로 받아들이고 사명을 펼쳐나갈 수 있도록 도울 것이다.

■ 데니스 비커스 지음 | 값 10,000원

교회 갈등, 이렇게 해결하라!

올바른 커뮤니케이션에 도달하는 방법을 다루는 본서는 교회의 지도자 훈련 교재로 사용할 수 있다. 또한 하나님의 교회가 갈등 안에서 사역과 성장에 새로운 활기를 얻어가는 과정을 볼 수 있을 것이다.

■ 케네스 갱겔 · 새뮤얼 케이나인 지음 | 값 15,000원

G.B.S. 하나님 마음에 합한 시리즈 ⑫

하나님 마음에 합한 재정

프리셉트성경연구원 편

초판 1쇄 | 2004년 9월 8일
개정 1판 1쇄 | 2009년 2월 25일
개정 2판 1쇄 | 2011년 6월 22일
개정 3판 1쇄 | 2015년 10월 30일

발행인 | 김경섭
국제총무 | 최복순
총무 | 김상현
기획국장 | 김현욱
서적부 | 양재성, 이은혜
편집부 | 고유영(편집실장), 김지혜, 허윤희, 박은실

발행처 | 묵상하는사람들
등록번호 | 20-333
일부총판 | 생명의말씀사 Tel. (02) 3159-7979 Fax. 080-022-8585

주소 | 서울시 동작구 사당로2가길 91(사당동) (우) 07028
전화 | (02) 588-2218 팩스 | (02) 588-2268
홈페이지 | www.precept.or.kr
국민은행 772-21-0310-382(김경섭)

값 3,800원
ISBN 978-89-8475-662-5 04230
ISBN 978-89-8475-654-0 04230(세트)

독자 여러분의 의견을 기다립니다.
독자 전화 (02) 588-2218 / pmnqt@hanmail.net